LES

ÉLÉMENTS PRIMITIFS

DE LA PENSÉE

L'AME HUMAINE, — LES SOCIÉTÉS, — L'ÉGLISE

PAR

Claude-Charles CHARAUX

Professeur honoraire de philosophie à l'Université de Grenoble

GRENOBLE

IMPRIMERIE ALLIER FRÈRES

26, Cours Saint-André, 26

1902

LES

ÉLÉMENTS PRIMITIFS

DE LA PENSÉE

L'AME HUMAINE, — LES SOCIÉTÉS, — L'ÉGLISE

LES

ÉLÉMENTS PRIMITIFS

DE LA PENSÉE

L'AME HUMAINE, – LES SOCIÉTÉS, – L'ÉGLISE

PAR

Claude-Charles CHARAUX

Professeur honoraire de philosophie à l'Université de Grenoble

———✦———

GRENOBLE

IMPRIMERIE ALLIER FRÈRES

26, Cours Saint-André, 26

—

1902

POUR PARAITRE EN 1902

Quatrième et définitive édition de **La Pensée**,
un volume in-12.

(La première édition, 1869, Paris, Pedone, avait pour titre :
La Pensée et l'Amour.)

PREMIÈRE PARTIE

La Pensée et l'Amour.

La Méthode morale, ou de l'Amour et de la Vertu comme
éléments nécessaires de toute vraie philosophie (1866).

DEUXIÈME PARTIE

Leçons et Conférences

De la Pensée.

Des caractères les plus apparents de la pensée.

Le bon sens et le sens commun.

De l'objet dernier de la pensée.

Les trois moments de la pensée.

Petit commentaire philosophique du discours de saint Paul
à l'Aréopage.

La philosophie et la science.

Les femmes et le progrès de la pensée.

De la formation et des degrés de la pensée.

Les sociétés et les éléments primitifs de la pensée.

L'Église et les éléments primitifs de la pensée.

La place de ces deux dernières Conférences serait aussi
bien dans le livre intitulé : *La Pensée et l'Histoire*, mais
cette question de place est secondaire, les quatre volumes :
*De la Pensée, — Pensées et Portraits, — L'Histoire et la
Pensée, — Le Beau, l'Art et la Pensée*, n'étant que les
parties d'un même tout.

LES ÉLÉMENTS PRIMITIFS DE LA PENSÉE

PRÉFACE

Rien n'égale la richesse de l'âme humaine, et, dans l'âme humaine, celle de la pensée. Elle est à ce point inépuisable qu'on peut, après des siècles de recherches et d'analyses, y découvrir encore des points de vue ignorés ou négligés. Celui que nous envisageons, et que nous nous efforçons de décrire dans ces trois Conférences, s'ajoute à ceux que connaissent tous les philosophes, il n'en élimine et n'en remplace aucun. *Les éléments primitifs de la pensée* n'ont pas la vaine prétention de se substituer aux *catégories*, aux *idées innées*, aux *formes*, aux *concepts ;* ils se bornent à réclamer dans leur voisinage un peu de la place qu'ils ont laissée libre, ou qu'ils n'ont pas remplie tout entière.

Une différence toutefois, mais profonde, irréductible, les en sépare, et ne permet pas de les confondre avec eux. Catégories, idées innées, formes, concepts, sont d'ordre purement intellectuel : les éléments primitifs, au contraire, relèvent à la fois de l'esprit et du cœur. A chacun d'eux correspond une affection, un sentiment, une passion ; disons mieux : chacun d'eux n'est entier, n'est lui-même, qu'à la condition d'être à la fois idée et sentiment. L'idée d'ordre dans notre âme ne va pas sans un amour de l'ordre qui admet, il est vrai, tous les degrés depuis la simple aspiration jusqu'à la passion : de même pour l'unité, la grandeur, la liberté, la vérité, la beauté.

Ce que l'observateur attentif des faits de l'âme découvre en lui-même n'apparaît

pas moins clairement dans la vie des
sociétés humaines, et, pour ceux qui veu-
lent bien l'étudier, dans celle de l'Église,
société éminemment spirituelle, et pourtant mêlée à la vie d'un très grand nombre
de sociétés fort diverses, depuis ses origines qui se confondent avec celles de
l'histoire jusqu'à l'heure présente. Nous
l'avouons même : c'est à l'histoire que
nous sommes en premier lieu redevables
de l'idée d'abord confuse dans notre esprit,
mais, grâce à elle, de plus en plus claire et
précise, qu'individus et sociétés sont diri-
gés dans leurs voies, soutenus dans leurs
luttes, ranimés dans leurs défaillances, en
un mot sans cesse éclairés et vivifiés par
les six éléments primitifs que nous venons
de nommer, et qu'on pourrait aussi bien
appeler des forces, des ressorts, des pouvoirs. Une étude attentive des faits et des
lois par lesquels s'exprime la vie intellectuelle et morale de chacun de nous est
venue, à son tour, confirmer les révélations de l'histoire.

Le résumé de ce double travail, les conclusions qui en découlent comme d'elles-mêmes, sont l'unique objet de ces trois Conférences. Leur place est à la suite du livre *De la Pensée* dont la dernière édition, — la première avait paru en 1869, sous ce titre : *La Pensée et l'Amour*, — a cessé d'être dans le commerce. *La Pensée*, — *Pensées et Portraits*, — *l'Histoire et la Pensée* ne forment qu'un même tout dont les diverses parties, c'est du moins notre désir, s'éclairent et se complètent mutuellement.

DE LA FORMATION
ET DES DEGRÉS DE LA PENSÉE

I

Messieurs,

Serait-il absolument impossible de découvrir
dans le tout petit enfant qui ne pense point, et de
longtemps ne pensera, quelques faibles traces de
sa vocation à penser? Nous ne le croyons pas.
On a décrit dans toutes les littératures du monde,
anciennes et modernes, en prose et en vers, le
déplorable état de cette frêle créature qui aura si
longtemps besoin des soins empressés d'une
mère ou d'une nourrice, qui, à la différence des
autres animaux, doit tout apprendre et, impuissante à se protéger elle-même, ne saurait se
passer, durant de longues années, du secours et
de l'expérience d'autrui. Ce n'est pas seulement
la famille avec sa tendresse et sa vigilance, c'est
la cité tout entière qui, par mille voies directes et

indirectes, par ses institutions de prévoyance et
ses lois, ne cesse de veiller sur l'enfant et de le
protéger. Si la société lui est à ce point indispensable qu'il ne pourrait sans elle vivre et grandir,
c'est qu'il est né pour lui rendre à son tour ce
qu'il en a reçu, pour en devenir un membre ac-
tif ; c'est aussi qu'il est né pour la parole, sans
laquelle la société n'est point possible ; c'est qu'il
est né pour la pensée si étroitement unie à la
parole qu'on ne les conçoit pas l'une sans l'autre.
Cette âme pensante de l'enfant qui s'affirme du
sein de sa faiblesse et de son dénuement absolu,
nous l'entrevoyons encore dans le privilège du
sourire qu'aucun animal ne partage avec lui. Il
sourit à sa mère, à son père, à ceux qui lui pro-
diguent leurs soins, et c'est la seule ressource
dont disposent sa reconnaissance et son affection
encore bien confuses, pour répondre à leur
amour. *Il rit aux anges*, dit la langue populaire,
c'est-à-dire au monde invisible, sa patrie future.
Il est vrai que l'abondance de ses larmes, parfois
même la violence de ses premiers chagrins, ne
font pas moins pressentir qu'il devra payer, au
prix de la douleur, son droit à la cité et son droit
à la pensée, qu'il ne les exercera l'un et l'autre
qu'à travers des épreuves et des souffrances sans
nombre.

Mais le voilà qui grandit et que, parallèlement

à une croissance physique dont les lois ne nous
sont pas encore toutes connues, son âme entre,
lentement il est vrai, en possession d'elle-
même. Faible lueur au début, la conscience devient peu à peu lumière ; plus tard elle sera règle
et juge suprême. En même temps que les
images des êtres et des choses qui l'entourent
s'impriment et se fixent dans son cerveau, je ne
sais quelle force mystérieuse venue du dedans,
opérant au dedans, en démêle peu à peu la confusion : elle unit, elle sépare, elle enchaîne, d'un
seul mot elle ordonne. L'*ordre* est le premier trait
de la pensée : on accordera tout au moins qu'il
en est la condition indispensable. Sa source n'est
pas au dehors : le dehors ne donne que des objets, des phénomènes dont la suite et les rapports
sont loin de se laisser d'eux-mêmes apercevoir ;
cette vertu n'est pas en eux. Elle est en nous ;
c'est notre âme qui les découvre et au besoin les
suppose, quand la découverte n'en est pas assez
prompte ou assez facile, la pensée ne pouvant
naître et se former au sein du désordre et de la
confusion. Ainsi en est-il des sociétés humaines
dont l'origine a toujours été un premier triomphe
de l'ordre sur l'anarchie, quelle que soit d'ailleurs
la forme particulière d'ordre social qu'elles aient
adoptée. Ainsi encore en sera-t-il, à une époque
plus avancée de la civilisation, de la poésie, de

l'éloquence, des sciences, des lettres, des arts,
de leurs inventions et de leurs chefs-d'œuvre. Il
n'est point de perfection, si haute soit-elle, qui
n'ait l'ordre pour point de départ et pour fondement nécessaire : c'est en s'appuyant sur lui
qu'on parvient à la vérité, qu'on s'élève de degré
en degré jusqu'à la beauté.

Cependant à mesure que la conscience de
l'enfant s'éclaire et s'étend, que sa mémoire se
fortifie, que les points de contact entre lui et le
monde extérieur se multiplient, son petit trésor
d'images et de sons, de mots compris et repro-
duits, s'enrichit d'acquisitions nouvelles. Les
puissances intérieures s'éveillant de leur long
sommeil agissent avec les influences du dehors,
pour développer dans son âme la notion primitive
de l'ordre, ou pour y ajouter des éléments nouveaux, destinés à lui faire produire tous ses
fruits. Nommons avant tous les autres, l'*unité*
dont le premier effet, elle en aura dans la suite de
plus importants, est d'accroître la lumière en
circonscrivant, en limitant le champ où s'exerce
l'attention ; — ensuite la *qualité* et la *quantité* (on
les peut réunir sous ce titre commun, la *grandeur*) qui, au début du moins, se bornent à faire
constater par l'esprit et à fixer dans le langage
par des signes, les différences, les ressemblances,
les propriétés, les rapports de toute sorte que la

nature a établis, ou que les causes les plus diverses font apparaître, pour un temps plus ou moins
long, entre les êtres et les choses.

Vient enfin un moment où l'enfant, jusqu'alors
presque étranger à cette lente préparation à
l'exercice de la pensée, commence à démêler ce
qui se passe en lui, à discerner ce travai' intérieur, à s'y intéresser et à vouloir s'y associer.
C'est alors seulement qu'il pense dans toute la
vérité de l'expression, parce qu'il sait qu'il pense,
et qu'à côté des forces dont il ne dispose pas, qui
agissent en lui sans lui, il en est une, — et cette
nouvelle venue n'est autre que lui-même, son moi
conscient, sa volonté, — qui réclame sa part et
qui l'obtient aussitôt dans la formation et la direction de sa pensée. Dès lors, — et cette pensée
n'est pas la moindre en dignité et en fécondité
de celles qui naîtront jamais dans son esprit, —
il se distingue de tout ce qui dans le monde et
en lui-même agit en vertu de l'instinct ou de lois
immuables, et il oppose à cette nécessité des
choses sa *libre volonté.* Sans se demander encore,
et sans s'inquiéter plus tard assez souvent, de qui
il l'a reçue, qui la soutient, l'éclaire, l'incline
sans la contraindre, il sent, il sait qu'il la possède, qu'elle est bien à lui, qu'elle est lui, et
que ce privilège admirable de vouloir et d'agir
l'élève infiniment au-dessus de tout ce qui,

dans la nature inanimée ou vivante, absolument
privé de penser et de vouloir, se borne à re-
fléter la pensée et la volonté du Créateur. Cet
élément primitif sorti, lui aussi, comme l'ordre,
l'unité, la grandeur, des profondeurs de la conscience, va devenir, en s'associant aux éléments
acquis que tous les temps, mais surtout nos sociétés modernes ont multipliés pour le service
de l'enfant, la source de pensées en nombre infini
et le point de départ, l'élément inépuisable des
sciences les plus hautes, celles qui ont le plus
d'influence sur la direction de la vie et le bon
état de la chose publique, morale, politique, histoire, économie, législation.

Ce n'est pas assurément à la première heure et
en une fois, que ces idées de science, de savoir,
c'est-à-dire au fond, de vérité, pénètrent dans
l'esprit de l'enfant et s'en emparent. Une vague
curiosité les précède, un désir vif et persistant de
connaître les choses d'ici-bas, ce qu'elles sont,
pourquoi elles sont, ce mot *pourquoi* ne cessant
de revenir sur ses lèvres et dans toutes ses questions. C'est la vérité qu'il cherche, sans savoir
encore son nom ; c'est elle qu'il demande à ses
parents, à ses camarades un peu plus âgés, à ses
maîtres. La conviction est chez lui tellement primitive, naturelle, profonde, qu'il est fait pour
elle et qu'elle lui est due, qu'il n'imagine pas

qu'on puisse la lui refuser, qu'on veuille, de parti
pris, le tromper. Il lui faudra l'épreuve d'une
longue et douloureuse expérience pour constater
qu'il y a des menteurs, des imposteurs, et quand
cette découverte l'aura mis en défiance de la
parole d'autrui, elle n'affaiblira pas sa soif de
savoir et son amour de la vérité. Ce qu'il saura
d'elle, dans une carrière plus ou moins longue,
dépendra sans doute de ses aptitudes naturelles,
de la persévérance de son travail, des circonstances les plus diverses, milieu, famille, éducation, enseignement ; mais fût-il confiné par le
hasard de sa naissance dans la plus humble des
conditions, totalement privé des ressources et
des loisirs de la fortune, pourvu qu'il ne soit pas
la victime de passions ou d'habitudes avilissantes,
devenu homme fait il saura toujours le prix du
savoir et de la vérité, il regrettera amèrement de
n'en posséder qu'une si minime portion. Et de
même, si favorisé qu'un de nos semblables ait été
au point de vue des dons de l'esprit et de la fortune, si savant qu'il soit devenu à force de persévérance et de travail dans les études les plus
hautes, il ne verra pas sans chagrin qu'il lui reste
encore infiniment à connaître, et que comparée à
l'étendue de la vérité, celle de son savoir est un
pur néant. *Idée du vrai,* plus ou moins claire,
mais toujours présente, *amour du vrai* plus ou

moins vif, mais indestructible, voilà dans l'âme
de l'homme un élément qu'on peut, à bon droit,
appeler primitif, car il est né avec elle et il ne
cessera, durant toute la vie, en s'associant à l'infinie diversité des éléments acquis, de fournir à
la pensée des ressources inépuisables.

Ainsi en sera-t-il de *l'idée et de l'amour du beau*.
Unis l'un à l'autre, dès l'origine, comme l'idée et
l'amour du vrai, dans les profondeurs de l'âme
humaine, ils y attendaient, pour sortir de leur
long sommeil, les pressants appels du monde
extérieur. Éveillés presque au même instant, si
l'un des deux a précédé l'autre, ce serait plutôt
le sentiment, mais à un degré inférieur, tel qu'il
est provoqué par l'éclat des couleurs ou l'harmonie des sons. C'est alors le *pur sensible* où l'élément intellectuel, l'idée, se font à grand'peine
une toute petite place. Celle-ci s'élargira bientôt,
à mesure que l'esprit s'enrichissant d'acquisitions
nouvelles, les termes de comparaison devien-
dront plus nombreux. Aux éléments en quelque
sorte matériels de la beauté s'ajoutera l'*expression,* c'est-à-dire ce que l'âme de l'homme nous
apprend d'elle-même, de ses pouvoirs, de ses
qualités, de ses aspirations, de ses passions, de
ses tendances bonnes ou mauvaises, ce qu'elle
imprime en caractères parlants sur notre visage,
sur nos traits, dans notre attitude, et surtout

dans notre regard, son interprète le plus fidèle et le plus éloquent. Mais comment définir et faire entendre ce qu'elle ajoute à l'expression, son domaine et son bien propres, — domaine limité, bien fragile, comme tout ce qui est purement de l'homme, — lorsque pénétrant plus avant, descendant au plus intime, au plus secret de sa nature, elle y découvre l'idée de ce qui n'a plus de limites, l'infini, le parfaitement beau, *l'idéal*, comme la langue commune aussi bien que celle de la poésie et des arts s'accordent à le nommer? Transfigurée par les vives et pures clartés dont il est le foyer, la Nature revêt alors ce caractère de beauté que nous admirons en elle, qui tour à tour nous charme, nous rassérène, nous console, nous ravit, mais dont, après tout, la cause première est en nous encore plus qu'elle n'est en elle. Elle a fourni le décor et l'occasion, notre âme la lumière et le principe. Nous sommes loin toutefois de prétendre que les pensées dont l'union du beau avec les acquisitions de l'expérience deviendra la source, seront aussi claires, aussi précises que celles qui résultent de l'influence et de l'action du vrai. Je ne sais quelle brume, ou, si c'est trop dire, quelle vapeur légère ne cessera de les entourer, et c'est sans doute à la beauté qu'on songeait quand on a dit pour la première fois que l'intelligence de l'homme

n'a le dernier mot de rien. Contentons-nous donc
d'en jouir purement, sobrement, mais n'espé-
rons pas faire évanouir le mystère qui enveloppe
son essence.

Quel rôle d'une importance capitale joue la
parole dans cette pénétration réciproque *des
éléments primitifs et des éléments acquis* de la
pensée, comment elle scelle leur union après y
avoir puissamment aidé, comment elle la rend
durable, nous n'entreprendrons pas de vous le
dire dans cette rapide esquisse. La question (nous
l'avons abordée, mais au point de vue particulier
du langage philosophique, dans une autre Leçon
de ce livre) est trop vaste, trop difficile, pour ne
pas réclamer une étude proportionnée à son
importance. Bornons-nous à rappeler que les
polémiques soulevées entre philosophes à l'occasion de l'origine du langage, n'ont jamais sé-
rieusement mis en cause son étroite union avec
la pensée, ni la réalité, l'absolue nécessité des
services qu'ils se rendent l'un à l'autre. Le
monde au sein duquel il vit serait pour l'homme,
comme il le demeure pour l'animal, une énigme
indéchiffrable, j'ajoute, une énigme dont il n'aurait pas même conscience, s'il n'appliquait aux
images et aux idées confuses des êtres et des
choses la lumière qu'il porte en lui, ces éléments
primitifs de la pensée, seuls capables d'y intro-

duire l'ordre, l'unité, d'y faire resplendir la
beauté. Mais d'autre part ce travail d'union,
de pénétration, d'illumination, ne serait point
possible, il serait comme la toile de Pénélope
toujours à recommencer; il se ferait et se défe-
rait à chaque instant, sans s achever jamais, si la
parole n'intervenait pour lui donner corps et
durée.

Pas plus d'ailleurs que la pensée dans l'esprit
de chacun de nous, la société composée d'hommes
pensants, fondée, gouvernée, ébranlée, fortifiée,
perdue, sauvée dans toutes les phases de son
existence par des hommes pensants, ne saurait
se passer de la parole. Il la lui faut pour dompter
l'anarchie, créer ou rétablir l'ordre, imposer ou
proposer des lois, les amender, les interpréter,
les appliquer ; il la lui faut pour concevoir la
Nature, pour faire comprendre le prix de l'unité,
pour la faire triompher de toutes les divisions et
de tous les adversaires, moins encore par des
combats heureux que par des discours, par la
force armée que par l'éloquence. Il la lui faut,
toujours dans une inséparable union avec la
pensée, pour conquérir les biens qu'ici-bas,
parmi les hommes, on estime grands d'une grandeur réelle ou imaginaire.

A un autre point de vue enfin, la société, quels
qu'en soient la forme et le nom, aristocratie,

monarchie, démocratie, n'acquiert et ne conserve la pleine possession d'elle-même, la conscience de sa force, de ses droits, de ses traditions, de sa grandeur passée, de ses espérances pour l'avenir, de sa mission sur cette terre, que par la parole et le solennel témoignage de ses législateurs, de ses orateurs, de ses historiens, de ses moralistes, de ses philosophes. Est-ce trop d'ajouter que dans une société parvenue à son âge mûr et à l'apogée de la grandeur, les découvertes des savants, les chefs-d'œuvre inspirés par l'idée et l'amour du vrai unis à l'idée et à l'amour du beau, ont eux aussi leur langage et une parole assez puissante, pour qu'on l'entende longtemps encore après que la société au sein de laquelle ils sont nés a disparu de la scène du monde, et ne vit plus que dans l'histoire.

Nous n'avons pas insisté sur la nature et le rôle des éléments acquis dans la formation et le développement de la pensée. Nul, en effet, n'ignore à quelles sources nous les puisons, sources dont l'abondance et la qualité varient pour chacun de nous, avec le milieu, la famille et ses traditions, les maîtres, les livres, en un mot avec toutes les diversités de l'éducation et de la culture intellectuelle. Venus du dehors c'est en vain qu'ils se presseraient à toutes les issues de l'âme, si celle-ci n'ouvre et ne les accueille, ils n'entreront pas. Stériles par eux-mêmes, inconscients, dispersés, c'est au contact et sous l'action puissante des éléments primitifs, *ordre, unité, grandeur, liberté, vérité, beauté,* qu'ils s'unissent, s'enchaînent, s'ordonnent, et qu'avec le concours du langage ils contribuent pour leur juste part à la formation de la pensée. Mais celle-ci est loin d'atteindre chez tous les hommes à la même hauteur, bien que tous portent en eux, avec les mêmes éléments primitifs, les germes d'un progrès en quelque sorte indéfini. L'*ordre hiérarchique* ne se montre pas moins à un regard attentif, dans le monde de l'esprit que dans celui de la matière, dans l'âme de l'homme que dans la Nature. Essayons d'en dire quelques mots.

II

Ne craignons pas de l'avouer : un trop grand nombre d'hommes, que ce soit leur faute ou celle des circonstances, que la Nature ait été à leur égard moins que libérale, ou qu'ils aient enfoui ses dons, demeurent, durant toute leur vie, relégués au plus bas degré de la pensée. Nous plaignons sincèrement ceux qui enfermés dès leur naissance dans un cercle étroit dont ils ne pouvaient sortir, astreints à des occupations monotones, étaient d'avance condamnés à n'ac-

quérir jamais qu'un petit nombre d'idées sur les
choses les plus ordinaires. Nourris pauvrement
d'aliments sans vertu les éléments primitifs de la
pensée n'ont pu, dans leur âme, remplir que très
imparfaitement leur fonction d'ordonner, d'uni-
fier, d'élever, d'orner, d'agrandir; mais du moins
n'ont-ils pas cessé de les posséder, et pourront-
ils les transmettre à leurs enfants dans leur
intégrité. Il n'en est pas de même de ceux qui,
adonnés à des vices grossiers, responsables de
leur intempérance, victimes de l'alcool, de
l'opium, de l'éther, ou de n'importe quel poison,
ont tari ou profondément altéré en eux les sources de la vie physique et de la vie morale : leur
incapacité de penser court grand risque de
s'étendre à leurs descendants. Devenus semblables, comme le dit l'Écriture, aux animaux
sans raison, ils exposent ceux qui naîtraient
d'eux à la même déchéance.

Chez les hommes dont nous parlons, la faculté
de penser est réduite à rien, presque supprimée :
il en est d'autres chez lesquels on pourrait croire
qu'elle est plongée dans un véritable sommeil.
Comme dans les rêves de la nuit, seul le mécanisme de la pensée est en action : il reçoit, il re-
jette, il unit, il sépare, dans une confusion
extrême qu'interrompt de temps à autre un sem-
blant d'ordre aussitôt troublé, images, idées,

souvenirs, ceux de la veille et ceux du passé le plus lointain. Le pouvoir directeur brille par son absence, ou, s'il se ressaisit un instant, c'est pour abdiquer au plus vite, penser étant pour lui comme une pénible fatigue et la source d'un incurable ennui. Chez d'autres où, plus éveillé, plus maître de lui, il ne demanderait pas mieux d'agir, c'est la multitude et la vivacité des images qui paralysent son bon vouloir. Ou bien, en effet, elles se précipitent si nombreuses, si variées, si rapides dans leur course folle, qu'elles ne laissent pas aux éléments primitifs de la pensée le temps de les retenir et de les transformer ; ou bien, réduites à un petit nombre, quelquefois à deux ou trois, elles occupent le cerveau tout entier, et devenues ce qu'on nomme à juste titre des idées fixes, elles s'opposent au libre mouvement de la pensée. Mais nous n'avons pas entrepris de passer en revue tous les obstacles que celle-ci rencontre, et qui la retardent ou l'arrêtent dans sa marche. Revenons à la question de ses degrés, en prenant cette fois pour point de départ les esprits où règne un certain équilibre, et qui ont reçu au moins un commencement de culture.

Un caractère commun les distingue de ceux qui pensent sans savoir qu'ils pensent et sans s'inquiéter de ce qu'ils pensent, c'est qu'ils prennent tous, les uns plus, les autres moins, une

part intelligente et utile dans la direction de
leurs pensées. Cette direction est-elle tout entière en leur pouvoir, dans quelle mesure la
possèdent-ils : questions complexes dont nous
n'avons pas à nous occuper en ce moment. Un
fait demeure certain, indéniable, parce que la
conscience l'atteste avec une clarté et une autorité suprêmes, parce que nous en voyons les
suites tous les jours, chez tous les hommes nos
semblables, c'est que la direction de nos pensées
nous appartient pour une très large part. Cette
direction étant, comme toutes les directions, en
vue d'un but à poursuivre, d'une fin à réaliser,
nous savons également que si nos pensées peuvent tendre aux fins les plus diverses, elles se
subordonnent toutefois à une fin principale, la
conquête du bonheur, mot fort beau, plein d'espérance, mais plus riche de promesses que
fidèle à les acquitter.

Abstenons-nous ici avec le plus grand soin de
tout raisonnement qui viendrait au travers de la
réalité des faits : bornons-nous à les constater et
à les décrire, tels qu'une observation attentive e
impartiale nous les fait connaître. N'imitons pas
ces philosophes qui n'envisagent dans l'âme humaine que le mécanisme et le jeu de ses facultés
encore moins ceux qui refusent de voir ce qui s'y
trouve et leur crève les yeux, je veux dire, à

côté des aspirations au bien la tendance au mal,
et les traces trop visibles d'une déchéance qu'on
n'a pas le droit de nier, parce que la raison
réduite à ses seules forces n'en saurait pénétrer
la cause. N'imputons pas davantage à la société
ce qui est le fait des individus, et ne la faisons
pas seule responsable d'une corruption dont les
germes sont dans chacun de ses membres.
L'obstacle au bonheur que nous rêvons est moins
en elle qu'il n'est en nous : sans son secours
nous ne pourrions jamais le conquérir. Reconnaissons avec la sagesse de tous les temps ré-
sumée dans l'apologue d'Hercule invité à choisir,
au début de sa carrière, entre *la Volupté* et *la
Vertu*, mais n'hésitant pas, après les avoir enten-
dues l'une et l'autre, à prendre la seconde pour
guide dans la conquête du bonheur ; reconnaissons qu'il y a dans l'homme une volonté droite
et une volonté qui l'incline au mal. Grâce à la
raison nous voyons, dans le plus grand nombre
des cas, avec une clarté suffisante, ce qu'il faut
faire, ce que nous sommes tenus de faire, ce qui
nous procurera le bonheur véritable, ou du
moins la part qu'on peut en obtenir ici-bas, et
pourtant l'attrait d'un plaisir éphémère, l'excita-
tion des sens ou de l'orgueil nous entraînent
souvent au pire parti :

..... Vidéo meliora proboque,
Deteriora sequor.

Ce conflit si souvent renouvelé de la pensée
vraie et de la volonté mauvaise, conflit dont chacun de nous peut rendre témoignage, suffirait à
lui seul pour faire découvrir une erreur qui ne
date pas d'hier, mais qu'on a vue renaître plusieurs fois dans le cours de l'âge moderne. Elle
consiste à faire de l'intelligence une faculté
absolument indépendante, n'attendant rien des
autres facultés et n'ayant rien à leur demander,
tandis qu'au contraire ses rapports avec la volonté sont de tous les instants, et à peine moins
fréquents que ses rapports avec le sentiment et
la passion. Il n'est d'intellectuel purement intellectuel qu'en paroles ; la réalité est toute diffé-
rente, et l'on n'a jamais vu l'entendement agir
seul, *motu proprio,* sans qu'une impulsion de la
volonté précédât et déterminât son action, sans
que cette volonté même la maintînt, la suspendît,
la reprît, en décrétât la fin. Droite et libre, soumise
à une seule passion, l'amour de la vérité, résolue
à la confesser, dès que l'intelligence l'aura découverte, à en accepter toutes les dépendances,
et, dans l'ordre moral, à en accomplir tous les
commandements, elle rend droits les sentiers par
lesquels l'esprit s'avance ; elle affermit sa marche,

elle fait parvenir et elle maintient la pensée à un
haut degré d'élévation. Affaiblie, au contraire,
diminuée par le parti pris ou le préjugé, c'est-à-
dire par une volonté antérieure et mauvaise,
subjuguée et pervertie par quelque passion se-
crète ou déclarée, mais qui n'est point du tout
l'amour du vrai, devenue, au lieu de la volonté
droite et bonne, la volonté oblique et mauvaise,
elle ne peut que conduire l'intelligence dans les
chemins où elle s'est elle-même engagée, l'exposer à toutes les erreurs, à toutes les chutes,
abaisser et égarer la pensée.

Si l'intellectuel, à supposer que ce mot devienne jamais, d'adjectif qu'il est encore, un subs-
tantif autorisé, se fait à lui-même illusion, le plus
souvent sans doute avec une sincérité parfaite,
en croyant n'employer que le seul entendement
dans l'acte si complexe de la pensée, le penseur,
qu'il se décore lui-même de ce titre envié ou
qu'on le lui donne à son insu, n'y a guère plus de
droits, au moins dans le plus grand nombre des
cas. J'admets, en effet, qu'on l'attribue par ex-
tension à l'esprit naturellement très bien doué,
mûri par de longues et sérieuses études, qui fait
de l'exercice de la pensée son objet principal,
dans les conditions que nous rappelions tout à
l'heure, c'est-à-dire avec une entière liberté
d'esprit, une volonté droite, un amour ardent de

la vérité. Mais encore faut-il que ce travail tout
intérieur se manifeste au dehors par ses fruits,
que ces pensées personnelles, du moins on
l'assure, nouvelles, ne soient pas la reproduction
légèrement modifiée, mise à la mode du jour, de
pensées vieilles comme la philosophie elle-
même. Il s'agit bien moins, en effet, depuis
tant de siècles qu'on pense, et que les plus
beaux génies y ont appliqué toutes leurs forces,
de découvrir, en métaphysique et en morale, des
vérités encore inconnues, que de disposer dans
un ordre plus parfait celles que nous possédons
en toute assurance, d'en montrer les rapports
étroits, d'en constater les suites, de les faire
briller d'un plus vif éclat, enfin de les défendre
contre des objections sans cesse renaissantes.
Penser, en effet, n'est plus pour nous dans
l'ordre des vérités morales, Dieu, l'âme, la vie à
venir, ce qu'il était pour les prédécesseurs de
Socrate et pour ses premiers successeurs, ni
même pour quelques grands et rares esprits
de l'âge moderne. C'est perdre sa peine et son
temps que de s'obstiner à chercher et à vouloir
découvrir des vérités que nous possédons depuis tant de siècles, dont nous vivons et qui,
pour une si large part, nous ont faits ce que
nous sommes.

Il importe aussi de distinguer avec le plus

grand soin de la pensée proprement dite les connaissances qui n'en sont que la matière. On peut
avoir l'esprit plein jusqu'à déborder, d'images,
de faits, d'idées empruntées au monde extérieur,
la mémoire riche des souvenirs les plus précis,
les plus variés, et ne pense· jamais, ou du moins
que rarement et faiblement. Souvent même c'est
une condition nécessaire, imposée par la courte
durée de la vie et les limites de nos facultés,
pour faire de grands progrès dans une science
spéciale et pour en reculer les limites, que de né-
gliger toutes les autres branches du savoir humain. On accumule de la sorte, sur un point
donné, mais étroitement circonscrit, une foule de
connaissances, mais celles-ci, par leur multitude
et surtout par leur caractère exclusif, seraient
plutôt un obstacle à penser, ou tout au moins à
s'élever, dans l'ordre de la pensée, à ce degré supérieur où l'on embrasse d'un seul regard un
grand nombre de sciences et leurs rapports.

Au nombre de ces connaissances dont on peut
affirmer qu'elles ne sont pas la pensée, mais seulement le substratum de la pensée, la matière
qu'elle mettra plus tard en œuvre, il convient, ce
semble, de ranger les sciences exactes et les
sciences physiques, tout le temps qu'elles ne
s'élèvent pas au-dessus des abstractions et des
faits. On ne dira jamais assez bien de quel se-

cours les unes et les autres sont à la pensée par
le nombre, la diversité, la qualité des matériaux
qu'elles lui fournissent ; mais dans cette première
et nécessaire phase, elles ne sont pas encore la
pensée. Celle-ci les a précédées sous la forme
simple et synthétique d'axiomes, de principes,
dont ce n'est pas le lieu d'indiquer le rôle et la
nature dans l'acte de l'intelligence ; elle les suit
ou elle peut les suivre dans une mesure fort va-
riable, en rapport avec les aptitudes de ceux qui
les cultivent et les fins qu'ils se proposent dans
leur travail. D'un seul mot qui résume tous les
détails dans lesquels nous ne saurions entrer aujourd'hui, la pensée rend réelles et vivantes les
abstractions des sciences exactes par les applications qu'elle en fait dans l'immense domaine de
la réalité et de la vie. La même pensée construit
à partir des phénomènes du monde matériel, en
leur appliquant avec ses éléments primitifs, ordre, unité, grandeur, les vertus qu'ils contiennent, l'édifice de plus en plus solide et magnifique des sciences de la Nature. Elle y introduit
le général à tous ses degrés par l'établissement
des lois ; au degré suprême, quand il lui est
donné d'y atteindre, elle scelle l'union des
sciences exactes avec les sciences physiques en
y apposant le sceau de l'universel.

On ne saurait toutefois le nier ; de toutes les

études auxquelles l'entendement humain peut
s'appliquer, il n'en est point qui fournisse à la
pensée des aliments plus nombreux et plus riches,
d'une richesse inépuisable, que l'étude et la connaissance de notre âme. En effet, si les sciences
physiques ont des droits sur le corps humain sou-
mis aux lois qui régissent tous les corps, ceux de
l'âme humaine s'étendent sur l'univers entier.
Elle en a d'abord sur elle-même, puisque par la
conscience, — ce n'est pas la moindre des merveilles, — elle se connaît et elle pénètre jusque
dans ses replis les plus cachés, ensuite sur la Nature, puisqu'elle la soumet à ses observations et
à ses analyses, puisqu'elle la décrit et l'explique,
enfin sur le monde divin, par les éléments primitifs, nécessaires à la formation de toute pensée, éléments dont les noms divers, ordre, unité,
grandeur, vérité, beauté, se réunissent, quand
on n'envisage plus que leur principe commun, et
se fondent en un seul nom, que ce soit l'Infini,
ou le Parfait, ou le Bien, peu importe, car c'est
toujours Dieu. On voit dès lors quelle carrière
immense, illimitée, s'ouvre à la pensée, quelles
régions elle peut successivement parcourir, à
quels degrés elle peut s'élever. La Nature, en
effet, ses phénomènes et ses forces, sont loin
d'avoir livré tous leurs secrets aux sciences les
plus avancées, aux savants doués du plus beau

génie. Ceux de l'âme ne s'apprennent, ne se dévoilent que très imparfaitement dans les livres, même les mieux pourvus des observations les plus exactes, les mieux décrites; il faut les découvrir soi-même, un à un, jour par jour, œuvre difficile, délicate, à laquelle ne suffisent même pas un esprit délié, une attention soutenue et une longue carrière. Quant au monde divin, celui que la philosophie, la métaphysique, la théologie explorent depuis tant de siècles, on conviendra que les profondeurs du ciel étoilé ne sont rien auprès des siennes, et que si, dans l'un et dans l'autre, les points lumineux, astres ou vérités, sont désormais inscrits et mis à leur place dans nos catalogues d'où ils ne sortiront plus, ils ne nous ont encore révélé qu'une faible partie de ce qu'ils sont et de ce qu'ils renferment. Et toutefois, abîmes pour abîmes, la lumière qui éclaire notre âme nous permet de sonder ceux du monde divin bien plus avant que ne feront jamais les instruments d'optique les plus perfectionnés pour les univers encore inaperçus du monde matériel.

Et maintenant gardons-nous de croire que ceux-là seulement soient dignes et soient en état de s'élever aux sommets de la pensée, qui possèdent la fortune, les loisirs, les aptitudes nécessaires pour cultiver avec succès les sciences, les arts, les Lettres, et par Lettres nous n'entendons pas la littérature frivole, fardée, malfaisante, celle qui vide l'esprit au lieu de le remplir, le corrompt au lieu de le purifier, l'abaisse au lieu de l'élever, mais les vraies Lettres, saines et bienfaisantes, celles dont les chefs-d'œuvre, d'une beauté qui n'a rien d'éphémère, sont d'un si grand secours pour la connaissance de l'homme et de la vie humaine. Tant d'éclat qu'elles aient jeté dans les siècles et chez les peuples les plus éclairés, tant d'influence qu'on leur attribue avec juste raison sur le progrès des sociétés humaines, ni elles, ni les arts, ni les sciences ne possèdent cependant le privilège exclusif de nous faire franchir jusqu'au dernier, jusqu'au plus élevé tous les degrés de la pensée. Elles le partagent tout au moins avec une puissance qui, sans avoir au dedans de nous un lieu déterminé, et dans la langue un nom spécial, est assez forte dans l'âme où elle agit avec constance, pour la constituer à l'état *d'âme philosophique.*

Ce terme résume une théorie très ancienne, mais, à mon avis, encore plus chrétienne que platonicienne, et dont nous sommes toutefois tellement déshabitués que c'est sans doute une nouveauté étrange d'en faire mention et de la rappeler à nos contemporains. L'esprit philosophique, bien qu'il soit seulement une partie de

l'âme philosophique, et même une partie où
reste encore beaucoup à explorer et à préciser
leur semblera j'en suis sûr, plus réel, plus facil
à concevoir. et surtout plus propre, en une foul
de circonstances, à nous éclairer et à nous dir
ger. Nous nous permettons d'être d'un sentimen
contraire, et d'estimer que l'âme philosophique
étant celle qui, dans l'ordre de la vérité, du bien
de la beauté, tend sans cesse et de toutes se
forces au plus élevé, au plus p u ia't, qui, sachan
le prix du savoir, s'efforce de l'acquérir, un pe
pour le savoir lui-même, beaucoup pour le fair
servir à la direction de la vie, à la conquête ç
bonheur par la vertu, qu'une telle âme, ou,
l'on aime mieux, cette disposition habituell
persévérante, d'une âme dominée par l'idée ç
l'amour du bien, n'est pas du tout une abstra
tion, mais au contraire la plus vivante et la plu
féconde des réalités d'ordre spirituel. Qui d'e
tre nous n'a connu quelques-uns de ces modeste
de ces humbles, — je dis humbles, parce qu'i
sont le plus souvent des chrétiens, et que l'hum
lité est une vertu essentiellement chrétienne, ‑
dont l'esprit n'a reçu qu'une culture ordinair
dont la mémoire n'est pas surchargée de connai
sances trop souvent stériles, mais dont l'âm
droite et pure est en communication habituell
avec le monde divin, dont la pensée docile à

sursum corda que Victor Cousin aimait à redire à ses élèves, habite le plus souvent les hauteurs où tant d'autres, accablés sous le poids de leur vain savoir et de leur suffisance, ne parviennent pas à s'élever. Disons, en terminant, un mot, rien qu'un mot, de ces sommets les plus hauts de la pensée et de la route que les âmes droites et simples ont suivie pour y atteindre, aussi sûrement que les intelligences les plus favorisées par la Nature et les plus cultivées. Ce ne serait pas trop de plusieurs Conférences pour traiter, comme il le mérite, un sujet aussi important.

Quelle que soit la force de penser dont la Providence nous ait munis, à quelque objet qu'elle s'applique, dans la vie ordinaire ou dans la vie de l'étude et du savoir, elle ne saurait s'exercer à la continue et sans trêve. Avons-nous dépassé les bornes prescrites, non seulement le cerveau et tout le système nerveux protestent à leur manière par la lassitude et une souffrance plus ou moins vive, mais nos pensées elles-mêmes cessent de s'ordonner facilement ; elles s'embarrassent, se troublent, s'obscurcissent. C'est déjà un vrai travail d'observer, de lire, d'écouter ; c'en est un plus grand, bien qu'il soit à peine sensible au début et qu'il semble se faire de lui-même, d'appliquer dans l'ordre, la mesure, les proportions convenables aux éléments acquis les

éléments primitifs de la connaissance, et de former, par cette pénétration réciproque, de véritables pensées. Ce travail, pour s'accomplir avec
fruit, exige du repos et des intervalles; il en
exige d'autant plus que l'objet de nos pensées
devenant plus étendu ou plus élevé a provoqué
une dépense plus forte d'attention. C'est ici qu'in-
tervient le recueillement.

Inutile de le définir : tous les hommes le connaissent, pour en avoir usé au moins quelquefois,
bien qu'un grand nombre d'entre eux évitent d'y
avoir recours, par la peur qu'ils ont de descendre
en eux-mêmes, de se trouver, seul à seul, en
face d'eux-mêmes. Son premier effet, — il ne
manque jamais de se produire, — c'est de dé-
lasser l'esprit, de lui rendre sa vigueur première,
de renouveler ses forces épuisées. Cette phase
est bien connue, même de ceux qui ne la dépassent point ; une autre lui succède qui n'est plus
seulement cette fois de réparation et de restau-
ration. L'âme, qui dans une sorte de demi-som-
meil laissait agir suivant leur nature et leurs lois
les forces intérieures, se réveille peu à peu et reprend possession d'elle-même, sans toutefois sortir d'elle-même, et sans se préoccuper du monde
extérieur autrement que par les souvenirs confiés
à la mémoire. A partir de ce point et à mesure
que le recueillement, en se prolongeant, devient

plus profond, les phases se succèdent, et dans chacune d'elles aux caractères généraux que nous venons d'indiquer, des traits particuliers s'ajoutent aussi nombreux, aussi divers que les âmes des hommes sont elles-mêmes différentes, et qu'en elles la culture antérieure a été plus ou moins profonde, le pouvoir de penser, d'aimer, de vouloir, plus ou moins libéralement accordé. C'est la *Méditation* qui tantôt se concentre sur un objet unique, tantôt en parcourt successivement un grand nombre, qui tour à tour s'élève de la Nature à l'âme et de l'âme à Dieu, ou redescend de Dieu à l'âme et à la Nature. C'est, à un degré supérieur, la *Contemplation,* qui refoulant, dans la mesure du possible, tout souvenir des choses qui passent et des éléments acquis de la pensée, ne gardant de celle-ci que les éléments primitifs et les sentiments qui les accompagnent chacun à chacun, s'élève avec leur appui jusqu'au degré le plus haut où l'âme de l'homme soit capable d'atteindre ici-bas, puisque son acte où l'intelligence et l'amour se confondent devient alors, *mutatis mutandis,* semblable à l'acte de Dieu, se connaissant, s'aimant, et dans une contemplation éternelle jouissant de son être et de ses perfections. C'est Aristote qui pense et s'exprime ainsi[1], en

---

[1] Aristote, *Morale à Nicomaque,* l. X, c. VIII.

quelques traits rapides; mais c'est aussi à sa
suite, avec des développements d'une richesse et
d'une profondeur infinies, la noble lignée des
métaphysiciens, des philosophes spiritualistes,
mais surtout des méditatifs, des docteurs, des
contemplatifs chrétiens. On a tout à gagner à se
mettre à leur École; on y apprendra ce que cette
Conférence a essayé de résumer à grands traits,
sans y parvenir que très imparfaitement.

LES SOCIÉTÉS ET LES ÉLÉMENTS PRIMITIFS

DE LA PENSÉE

MESSIEURS,

A ceux d'entre vous qui douteraient de l'exactitude de nos analyses et n'admettraient pas encore que la pensée, dans l'esprit de l'homme, se
forme et se développe comme nous avons essayé
de le montrer, nous offrons en garantie le témoignage de l'histoire. Interrogeons-la, et voyons si
ses réponses viennent à l'appui de nos conclusions, ou si elles les contredisent.

L'histoire n'étant autre chose que le tableau
plus ou moins vivant, le récit et l'appréciation des
faits accomplis au sein des sociétés humaines, la
pensée et toutes les affections qui la précèdent, la provoquent, l'accompagnent, y jouent le
principal rôle et doivent y paraître au premier

rang. Tout s'y passe, en effet, par conseil ou par
passion, par conseil plus ou moins sage et oppor
tun, par passion, — la passion, au sens large où
nous l'entendons, peut avoir tous les degrés, —
généreuse ou vulgaire, contenue ou intempé-
rante, au service de l'idée juste, vraie, ou capable
par ses révoltes et sa violence, de l'empêcher
de produire ses fruits. Que la pensée se con
centre et se condense dans l'esprit d'un seul
homme, législateur inspiré comme Moïse, légis
lateur de génie comme Solon, pour dicter en
une fois une Constitution qui durera des siècles
qu'elle se disperse, au contraire, dans les longs
et confus débats des assemblées politiques, pour
aboutir à des lois d'une durée éphémère ; qu'elle
se développe lentement, silencieusement, dans
le conseil privé des rois, autour du tapis vert
des diplomates ; qu'elle jaillisse enfin à une heure
solennelle de l'âme d'un peuple tout entier
c'est toujours la pensée, c'est-à-dire le ressor
principal, le moteur premier. Les mêmes lois s'y
découvrent aux regards de l'observateur attentif
aidées ou entravées dans leurs manifestations les
plus diverses par les mêmes affections et les
mêmes passions. Les mêmes éléments premiers
déposés à l'origine dans l'âme pensante de cha
cun de nous en sont la trame uniforme sur la
quelle s'appliquent à l'infini, grâce au concour

des éléments acquis, les figures et les dessins les plus variés.

A l'origine des sociétés les plus rudimentaires, c'est l'ordre qui apparaît en premier lieu, l'anarchie c'est-à-dire l'absence totale d'ordre n'ayant rien à voir avec l'état social dont elle est la négation. En même temps que l'ordre, ou à sa suite, mais à une si faible distance qu'ils semblent parfois se confondre, la tendance à l'unité se manifeste dans la personne d'un chef, d'un roi, d'un magistrat suprême, plus tard encore, quand l'anarchie menace de renaître, sous celle d'une dictature passagère. Après que l'ordre et l'unité fondés non sans peine, souvent même à la suite de luttes sanglantes, ont fait de la société sortie à son honneur de ces premières épreuves une véritable nation, la conscience que celle-ci a prise de sa force fait apparaître un autre élément premier, développe en elle une autre tendance jusque-là comme endormie, mais qui n'attendait pour s'éveiller qu'une occasion favorable. Elle aspire à s'étendre, à grandir, et si des frontières naturelles infranchissables ne s'y opposent pas, si des voisins trop puissants et depuis longtemps en possession ne sont pas un obstacle insurmontable, elle réalisera, fût-ce au prix des sacrifice les plus coûteux, voire même de défaites passagères, mais bientôt réparées, ses desseins ambi

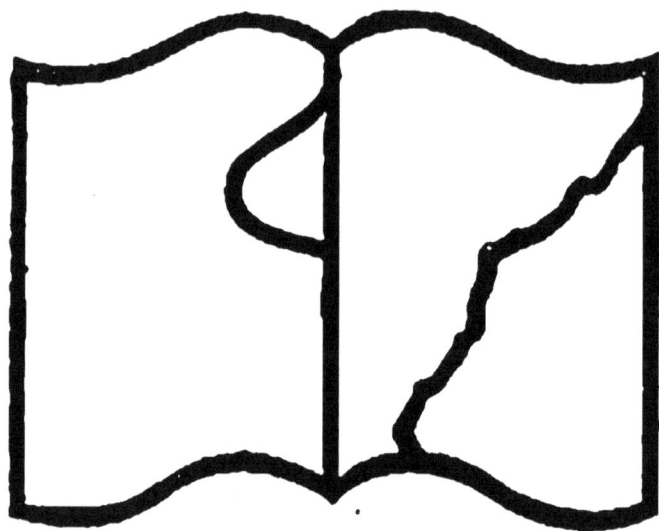

Texte détérioré — reliure défectueuse
NF Z 43·120·11

tieux. Impuissante à déplacer sur le continent les
bornes que la nature ou les circonstances lui
opposent, elle ira chercher des compensations
dans les régions les plus lointaines. Acquises
par des traités, plus souvent par la conquête, ses
colonies dépasseront en étendue deux fois, dix fois
celle de son propre territoire. Je pourrais vous
citer des noms : réservons les pour les aspects
secondaires que nous envisagerons tout à l'heure.
Nul d'entre vous d'ailleurs n'ignore les grandes
choses accomplies, le vaste Empire fondé au
xvi⁰ siècle par le Portugal dont la place est si
petite sur la carte de l'Europe, ni l'empressement
de la Hollande et de l'Angleterre à suivre son
exemple, ni, de nos jours, l'activité, la persévérance du petit peuple belge et de son roi, maîtres
sur les rives du Congo et de ses affluents d'un
territoire immense qui pourra, s'il plaît à Dieu,
devenir un jour un Empire vingt fois plus grand
que la mère patrie.

C'est la pensée qui se développant d'abord
dans le sens de l'ordre et de l'unité, puis de la
grandeur, a conçu toutes ces entreprises, mais
c'est la liberté qui les a réalisées, la liberté dont
les effets extérieurs ne doivent pas nous faire oublier qu'elle a sa source au plus intime de notre
me. Ce n'est pas d'ailleurs uniquement dans les
aits de guerre et de conquête, dans la discussion

des intérêts et la rédaction des lois, dans la fondation des États qu'elle manifeste sa force et celle de la pensée. C'est plutôt dans cette forme de la grandeur qui n'a rien de commun avec l'étendue matérielle des dominations d'ici-bas, et qui vient des Lettres, de la philosophie, des sciences, de la poésie, des arts. La grandeur toute en surface des Empires les plus puissants n'est rien, si celle-là ne s'y ajoute. Aisément même, ainsi que l'histoire nous l'apprend d'Athènes, elle la remplace sans désavantage, sans que l'humanité s'en plaigne et que l'histoire refuse de lui rendre un hommage mérité. A la formation de cette grandeur qui couronne toutes les autres, deux éléments primitifs concourent en s'ajoutant à l'ordre, à l'unité, à la liberté : vous nommez avec moi la vérité et la beauté. Et nous n'entendons pas ici la vérité et la beauté à leur degré inférieur, telles qu'on les voit au service de l'intérêt ou d'un plaisir purement sensible et passager. La vérité, la beauté dont nous parlons sont aimées, recherchées pour elles-mêmes, avec un désintéressement parfait, pour la joie de les découvrir et le bonheur de les contempler. Elles séparent nettement dans l'histoire les civilisations supérieures de celles qui n'en ont que les rudiments et les apparences.

Nous avons dit ailleurs, avec plus de détails

et de nombreux exemples[1], dans quel ordre constamment reproduit les éléments primitifs de la pensée apparaissent au sein des sociétés politiques pour donner la vie aux éléments acquis, pour les ordonner entre eux et les féconder. Gardons-nous d'oublier qu'à l'heure même où l'un d'eux entre en scène avec plus d'éclat, et semble dominer tous les autres, ceux-ci ne cessent de lui prêter un appui discret, et qu'à la lumière dont il brille ils ajoutent, à des degrés divers, leurs propres clartés. Ajoutons aussi que la liberté plus ou moins fidèle à la raison, s'abandonnant à la passion ou la tempérant, est partout présente, agit sans relâche, et que ses œuvres, à la différence de celles de la Nature qui couvre la terre, à des époques réglées, des mêmes fruits et des mêmes moissons, offrent dans le monde politique et social toutes les diversités, tous les inattendus, tous les reculs et tous les progrès.

L'ordre social a, dans tous les temps, dans tous les pays, un fondement immuable, la famille. La famille, comme la cellule dans la vie organique, peut se modifier, elle ne perd aucun de

---

[1] *Introduction* du livre : *l'Histoire et la Pensée.*

ses caractères essentiels. La polygamie l'affaiblit, l'altère même, elle ne la supprime pas. Le père demeure son chef : tous les enfants, quelle que soit leur mère, reconnaissent son autorité. Il est même très rare que l'une d'entre elles n'ait point le rang de première, c'est-à-dire celui de véritable épouse. A partir de la famille l'ordre social devenu rapidement chez les Anciens la Cité, chez les modernes l'État c'est-à-dire l'ordre politique, varie à l'infini sa forme, ses Constitutions, ses lois.

Nous disons à l'infini, parce que si l'on a pu distinguer en théorie trois formes principales de l'ordre politique, monarchie, aristocratie, démocratie, en fait aucune d'elles ne se montre jamais à l'état pur, et sans quelque apport, si faible soit-il, des deux autres. Le nom de chaque gouvernement lui vient donc de l'élément qui domine, et qui semble à l'observateur superficiel avoir absorbé tout le reste. Le Président des États-Unis possède, en vertu d'une Constitution républicaine, durant quatre années entières auxquelles s'ajoutent souvent quatre autres années, plus d'autorité réelle, il a droit à une action personnelle plus considérable que plusieurs souverains de la vieille Europe. Les sujets jouissent, dans certaines monarchies, de libertés que des républiques anciennement ou nouvellement formées n'accordent pas toujours à leurs citoyens. L'aristocratie, qu'elle soit héréditaire ou à vie, de patriciens ou de fonctionnaires, de bourgeois ou de patrons, de la fortune ou du talent, du savoir ou de la vertu, l'aristocratie se retrouve partout, car elle est dans l'ordre de la nature qu'aucune loi des hommes ne saurait changer. Quant à la démocratie elle n'apparaît pas seulement à l'origine d'un assez grand nombre de sociétés par la libre élection de leurs premiers chefs ; elle se fait sa place ou large, ou restreinte, jusqu'au sein des monarchies absolues, par des chansons, ce serait peu de chose, mais aussi par les traditions, les usages, par des assemblées locales et provinciales, par les progrès insensibles de l'égalité qui ne tarde pas à passer des mœurs dans les lois. La monarchie est bien près de sa ruine, quand le souverain, dans l'exercice d'un pouvoir dont il méconnaît la nature et la raison d'être, oublie qu'en lui s'incarnent les droits, les aspirations, l'esprit du peuple dont il n'est le chef qu'à condition de le servir.

Cicéron affirme, dans son Traité *De la République,* que si Rome a surpassé en prospérité et en puissance toutes les républiques et toutes les monarchies du monde alors connu, elle le doit surtout à ce que ses premiers législateurs ont su faire équitablement leur part aux trois éléments principaux de l'ordre politique. Il s'efforce de

prouver que chacun d'eux, Consulat et parfois
Dictature pour la monarchie, Sénat pour l'aristocratie, Comices et Tribunat pour la démocratie, a
contribué, selon sa nature propre, aux rapides
progrès de la Cité romaine. On peut l'admettre
non sans quelques réserves, mais ce qui fait plus
d'honneur encore à la clairvoyance du grand orateur, au courage du grand patriote, c'est qu'il ait
vu dans l'Épicurisme de jour en jour plus in-
fluent, c'est-à-dire dans la doctrine qui subordonne l'esprit à la matière, le devoir à l'intérêt,
et toutes choses au plaisir, le mortel ennemi de la
république et de tout ordre social. Il l'a combattu
sans trêve, sans ménagement, avec toutes les forces de sa raison, avec les traits les plus acérés de
son ironie, avec sa connaissance profonde des hommes et de l'histoire ; il a mille fois répété que le
retour aux antiques vertus était la seule espérance d'un salut déjà bien compromis.

Tous les philosophes de l'antiquité la plus re-
culée, tous les sages, Solon, Pythagore, Socrate,
Platon, Aristote, toutes les Écoles, excepté celle
d'Épicure, l'avaient précédé dans cette voie. « Ce
que la philosophie a fait pour conserver l'état de
la Grèce n'est pas croyable », a dit Bossuet dans
son *Histoire universelle,* et il le prouve en énumérant les services rendus par elle aux mœurs publiques et privées. C'était d'ailleurs à Rome, en

Grèce, en Egypte, en Asie, une maxime indiscutable que les lois sont impuissantes, si les mœurs ne viennent à leur secours, et qu'à leur tour les mœurs n'ont pas d'appui plus solide que les croyances religieuses. Plutarque, précepteur d'Adrien, moraliste, historien, affirme qu'on trouverait plus facilement une ville sans murailles, sans portes, sans magistrats, sans lois, qu'une ville sans temples et sans autels. Ailleurs il demande s'il ne vaut pas mieux supporter dans les yeux quelques humeurs peccantes, quelques orgelets, c'est-à-dire dans la religion quelques pratiques superstitieuses, que d'être entièrement privé de vue et de religion. Que penseraient ces Sages dont plusieurs ont été des fondateurs de Cités, des législateurs, des hommes politiques dont les œuvres ont duré un long temps, quelquefois des siècles, de ceux de leurs successeurs qui riches des enseignements de l'histoire, de ceux d'une religion infiniment plus pure que toutes celles de l'antiquité, s'efforceraient d'en affaiblir l'action au lieu de la favoriser, d'en contredire les leçons, d'en neutraliser la bienfaisante influence? Que penseraient-ils de ceux qui dépensent toute leur habileté, toute leur énergie à démanteler la place qu'ils avaient mission de défendre, alors que, pour s'en emparer, l'irréconciliable ennemi, l'Epicurisme toujours le même sous des noms

divers, toujours divisant, désagrégeant, abaissant
et avilissant les âmes, redouble la violence de ses
attaques? De quel nom qualifier l'entreprise
innomable d'abaisser le niveau intellectuel, moral, religieux, à l'heure même où, d'un bout du
monde à l'autre, les aspirations à un ordre meilleur se font plus ardentes, où les appels deviennent à la tribune, dans la presse, les livres, les
conférences, tous les jours plus pressants, sinon
plus violents, à l'établissement de la justice absolue, où l'on ne cesse de réclamer l'instruction intégrale qui ne va point sans l'éducation intégrale
du cœur et de la volonté, où enfin de Saint-Simon
à Fourier, de Fourier à Auguste Comte, les plans
d'une Cité idéale, modèle accompli de l'ordre social se sont succédé plus nombreux dans le
cours du XIXe siècle que les Constitutions politiques de la France?

Il s'en faut d'ailleurs que nous nous soyons les
premiers engagés dans cette voie où d'autres nous
accompagnent, ou même nous précèdent à l'heure
présente, jusqu'au cœur de l'Empire des Tsars.
Dès les temps les plus reculés, avant et depuis
l'Ère chrétienne, des rêveurs et des utopistes, di-
sent les uns, des amis de l'humanité, affirment
les autres, comparant ce qui se passait sous
leurs yeux à ce qu'ils sentaient au dedans d'eux-
mêmes, les abus, les inégalités, les injustices des

Cités telles qu'elles sont à l'idéal d'ordre et de justice que chacun de nous porte au fond de son âme, ont à l'envi les uns des autres tracé le plan de la Cité de l'avenir. La justice et l'égalité y seraient solidement établies, exactement observées, à l'abri de toute altération. Autrement dit les habitants de cette Cité supraterrestre ne seraient plus des hommes, mais des anges, ou des êtres d'une nature supérieure à la nôtre, sans vices, sans mauvais vouloir, sans égoïsme, sans la moindre inclination au mal.

Moins ambitieux pour sa République, Platon, dans le dialogue en dix livres qu'il a intitulé *De la République* ou *de la Justice,* n'a pas cru un seul instant qu'on pût transformer à ce point la nature de l'homme dont il avait fait à l'École de Socrate, et dans le commerce de ses contemporains, une étude approfondie. On est même surpris de voir quelles précautions il prend, dans ce livre où de si graves erreurs se mêlent à de si utiles vérités, pour combattre dans l'enfant, dès l'âge le plus tendre, et plus tard, pour contenir dans l'adolescent, dans l'homme fait, les mauvais penchants, la tendance constante à subordonner l'intérêt général à l'intérêt particulier, l'amour de la Cité à l'amour de soi, le devoir à l'égoïsme. Mais ce qui étonnerait et surtout effraierait les modernes et trop nombreux

Alcibiades qui se destinent d'eux-mêmes, sans préparation sérieuse, aux fonctions les plus difficiles, ce sont les études prolongées[1] auxquelles il soumet durant de longues années, et jusqu'à la pleine maturité de l'âge, non pas les premiers venus d'entre les citoyens, mais ceux que la nature a le mieux doués, et qu'une sage, une habile culture rendra enfin capables de remplir, pour le bien de tous, ces charges importantes. Voilà quelques-unes des bases sur lesquelles Platon fonde l'ordre social qu'il estime le plus propre à faire régner dans sa Cité, non pas toute la justice, mais celle que les hommes peuvent supporter. Voilà comment au principe fondamental, on pourrait dire à l'axiome : *la chose publique doit être dirigée par les plus honnêtes et les plus intelligents,* il ajoute, *et les mieux préparés,* mais peut-être le sens de ce dernier mot est-il déjà contenu dans les deux premiers.

Ainsi va l'humanité poursuivant toujours dans ses institutions et ses lois, à travers toutes les révolutions, dans toutes les phases de son histoire, faut-il dire la chimère, ou plutôt le noble but de l'ordre parfait. Si tant d'échecs ne l'ont pas découragée, si elle reprend après chacun

---

[1] Platon, *La République,* livre VII.

d'eux sa marche à peine interrompue, si les
demi-succès, il en survient de temps à autre,
ne l'ont jamais satisfaite, c'est qu'elle porte en
elle l'idée et l'amour, non point de tel ordre incomplet, fragile, passager, mais d'un ordre
social que ne déparerait aucune imperfection,
que n'atteindrait aucune décadence. Est-il de
cette terre? Est-il dans la nature présente de
l'homme, et à la mesure de ses forces, de le
réaliser, de le faire durer? Une chose demeure,
c'est qu'il se sent fait pour lui, comme il se sent
né pour un bonheur dont cet ordre parfait serait
la condition première. C'est pour cela sans doute
que son espérance est plus forte que toutes les
déceptions.

On peut dire de l'unité que non seulement dans
nos pensées, mais dans la Création entière, dans
l'OEuvre de Dieu et dans les œuvres de l'homme,
dans l'esprit et dans les choses, elle est étroitement unie à l'ordre, le signe de l'ordre, la
mesure de l'ordre, le couronnement de l'ordre :
tous ces qualificatifs lui conviennent. Du Dieu un
de l'unité la plus parfaite, c'est-à-dire aussi la
plus riche, elle descend, pour les marquer à son
sceau, — à l'univers des corps, où l'élément
premier, la loi première que les savants commen-
cent à chercher, mais que peut-être ils cherche

ront longtemps encore, se diversifient à l'infini
dans les corps organiques ou inorganiques,
doués ou privés de vie, — à l'univers des esprits
dont la variété, à en juger seulement par celle
dont l'esprit humain nous offre le riche et mobile
tableau, défie tous les calculs et toutes les des-
criptions. Invoquons, en passant, à titre de
simple indication, parmi les œuvres de l'homme,
le témoignage de celles où il met le plus de lui-
même, de son âme et de sa liberté, les œuvres
de l'art. Horace[1], le grand classique, nous l'ap-
porte en ces termes :

Denique sit quod vis simplex duntaxat et unum.

C'est tout dire en quelques mots assez clairs,
assez précis, pour qu'il soit superflu de les com-
menter. Revenons aussitôt à l'objet propre de
nos recherches, l'unité dans l'ordre social.

On peut imaginer et soutenir toutes les hypo-
thèses sur les premières formes qu'ont dû re-
vêtir l'ordre et l'unité au point de départ des
sociétés les plus anciennes. Si peu nombreux,
si mal connus que soient les faits accomplis

---

[1] Horace est encore, dans les pays où les fortes études
sont en honneur, en Allemagne par exemple, le grand
classique, l'oracle du jugement et du goût.

dans ces âges reculés, on en pourra toujours
produire un certain nombre à l'appui des thèses
les plus opposées. Où celui-ci dira qu'un seul et
non plusieurs, par la supériorité de sa force physique et de son intelligence, par l'énergie de sa
volonté, a groupé les membres et fondé dans sa
personne l'unité de la tribu, un autre soutiendra,
avec non moins de raison, que cette unité pré-
parée par la communauté d'origine et les liens du
sang s'est manifestée d'abord dans les assemblées
intermittentes que continuent de nos jours les
palabres des peuplades africaines. Au milieu de
ces conflits, une prétention seule est inadmis-
sible, celle des logiciens à outrance qui voudraient
nous faire voir, dans la marche des événements et
la formation de l'unité, une suite en quelque sorte
fatale, à laquelle l'histoire soumise à toutes les
fluctuations de la liberté humaine donne chaque
jour les démentis les plus éclatants. Qu'on cesse
donc de nous parler d'un ordre et d'une unité
dont le pouvoir absolu d'un chef unique aurait
été, au point de départ des sociétés la forme nécessaire et universelle, d'un progrès lent mais
sûr, qui aurait fait succéder à ce premier état trop
violent pour durer des monarchies tempérées à
tous les degrés, des aristocraties assez intelli-
gentes pour maintenir l'ordre et l'unité, tout en
divisant l'autorité, et, au terme final de cette

évolution, des démocraties qui disposant d'elles-
mêmes et de leur fortune établiraient, pour
tout conclure, sur leurs vraies et inébranlables
bases, l'ordre et l'unité.

Il n'est rien de tel dans l'histoire. Le gouvernement absolu d'un seul décidant de tout sans
contrôle et au gré de son caprice, ce pire état
des peuples qui ont perdu, avec la vertu, la foi à
Dieu et à la vertu, dont les mœurs se sont cor-
rompues, au point qu'ils sont incapables de supporter la liberté, le despotisme, pour l'appeler
par son nom apparaît aussi souvent au déclin
des sociétés qu'à leur berceau. Les Hébreux ont
eu d'abord des Juges, c'est-à-dire des magistrats ; ils s'en sont lassés et ils ont voulu des rois :
l'unité a d'ailleurs chez eux reposé plus encore
sur la religion que sur la forme du gouvernement. A des rois populaires Rome, ou plutôt la
plèbe romaine, a vu succéder une aristocratie
qui n'a que fort lentement, et après une vigou-
reuse résistance, abandonné les privilèges exces-
sifs qu'elle s'était attribués. Puis, presque sans
transition, aristocratie corrompue et d'ailleurs
décimée par les guerres civiles, plèbe plus
amoureuse de ses plaisirs que de la liberté, l'une
et l'autre satisfaites d'en garder les formes extérieures, abandonnent la réalité du pouvoir à un
Maître qui concentre en sa personne l'ordre et

l'unité du plus vaste Empire que le monde occidental ait vu avant l'Ère chrétienne.

Veut-on des changements plus rapides et plus récents? Dix-huit mois s'étaient à peine écoulés depuis que les Communes d'Angleterre avaient, par un acte solennel, proscrit à jamais la royauté, le roi Charles II rentrait dans sa capitale aux, applaudissements de la nation. Je ne sais quel instinct secret se réveillant soudain l'avait avertie que dans la royauté héréditaire serait pour long-temps encore le principe d'unité le mieux adapté à son tempérament, le plus propre à sauvegarder ses intérêts. Plus près de nous, à une monarchie qui avait duré des siècles succède soudainement une république qui subsiste dix années à peine, et à cette république un Empire dont les plus farouches républicains ne furent pas les serviteurs les moins empressés, les moins comblés d'honneurs et de pensions. Nous pouvons passer sur les changements qui suivirent et dont quelques-uns n'appartiennent pas encore à l'histoire : c'est assez de ceux que nous avons rappelés.

Le souvenir de l'Angleterre et de Cromwell, celui de Bonaparte devenu si rapidement Napoléon se joignant, au hasard de l'association des idées, à ceux de Périclès, de Laurent de Médicis, de Washington, de Thiers, de Gambetta lui-même, nous rappellent que les démocraties les plus jalouses de leur liberté consentent, pour un temps quelquefois assez long, à ce qu'un seul homme les représente, et en quelque sorte les résume dans l'unité de sa personne, de son pouvoir effectif, ou de son ascendant. Quelles causes assigner à cette abdication volontaire ? Nous n'en voyons qu'une vraiment décisive, la confiance que ces hommes supérieurs, ou tenus pour tels, ont inspirée à leurs concitoyens, la sympathie profonde, et quelquefois l'amour qui s'est attaché pour les raisons les plus diverses, souvent même sans beaucoup de raison, à leur nom et à leur personne. Cet amour passionné des foules pour qui le mérite, et pour qui ne le mérite pas, explique plus de choses qu'on ne le croit généralement, et les historiens ont tort d'en faire si peu d'état. Si l'on cherchait bien, on découvrirait qu'uni et comme entrelacé dans ses racines les plus profondes à l'amour du sol natal, de la Cité, de la patrie, n'oublions pas non plus l'amour de soi, il occupe dans les événements les plus considérables une place qu'on essaierait en vain de nier ou de réduire. Il y a mieux encore, et à l'heure présente elle-même. Ne dirait-on pas, en effet, qu'un des plus grands États de l'Europe, où les conflits sont à l'état aigu entre les éléments les plus hétérogènes, ne subsiste que par le sincère et très vif amour dans lequel

s'unissent pour une antique dynastie, et surtout
pour son chef vénéré, des adversaires dans tout le
reste irréconciliables ? Dans un autre Empire,
celui-là fortement constitué, et provisoirement à
l'abri des troubles et des séditions qui affaiblis-
sent tant d'autres États, l'amour pour l'Empereur
et sa dynastie revêt je ne sais quel caractère à la
fois filial et religieux : il se confond avec l'amour
de la religion et celui de la patrie. Le Tsar est
aimé comme le Père du peuple, et le chef auguste
de la sainte Russie. Édouard VII pourra-t-il, au
même degré que sa mère, enchaîner par le lien
tout-puissant de l'amour et du respect tant de
races diverses dans le vaste Empire qu'elle lui a
légué ? Qu'il vienne à s'affaiblir, et l'on verra
seulement à quel point ces deux sentiments for-
tifiaient et maintenaient l'unité d'une domination
dispersée aux quatre coins du monde.

Sous ce rapport, l'histoire dont les aspects sont
pourtant si variés se répète avec une fidélité, une
persévérance que les philosophes ont notées, que
les hommes d'État, — tous ne sont pas des historiens et des philosophes, — ont le tort de
méconnaître. Cicéron, énumérant dans son livre
Des Devoirs[1] les ressources dont ils disposent

---

[1] Cicéron, *De Officiis*, l. II, c. 7.

pour soumettre à leur volonté celle de leurs concitoyens, place l'amour au premier rang. « Pour conquérir, dit-il, ou pour conserver le pouvoir, rien n'est comparable à l'amour. » La maxime vaut pour tous les pays, pour tous les temps; elle serait dans le nôtre où l'on s'est épris d'une vive passion pour l'unité, plus à propos que jamais pour l'affermir à l'intérieur des États qui la possèdent, pour la créer là où elle n'existe pas encore.

Est-ce la religion qui, dans l'état actuel de l'Europe, serait en état d'opérer ce prodige de constituer une société politique une d'une unité durable? Sans doute elle le pouvait, et elle y a contribué pour sa large part, avant les séparations violentes et les divisions sans fin dont le protestantisme a été la cause première, elle n'y suffirait plus aujourd'hui, réduite à ses seules forces, bien qu'elle rende encore à la société civile, mais à d'autres points de vue, d'incomparables services. La conquête de cette unité si ardemment poursuivie aurait-elle un point d'appui plus solide dans une langue et une littérature communes? Ici encore, si l'influence est considérable elle est loin de suffire. On parlait, depuis longues années, en Lorraine et en Savoie, le plus pur français de France, mais l'amour avec la fidélité étaient ailleurs, même aux heures les plus tristes, les plus douloureuses de l'histoire de ces deux provinces. Anglais et Irlandais parlent la même langue, s'en aiment-ils davantage, et le lien de l'unité n'est-il pas entre eux uniquement celui de la force ? Aux États-Unis c'est aussi l'anglais qui domine et qui, on peut du moins l'entrevoir, absorbera tôt ou tard l'allemand, l'italien, le français, là où ils sont en usage. L'unité n'en a pas moins été violemment brisée il y a plus d'un siècle entre les treize États primitifs et la mère patrie. Peut-être on en rappellera plus d'une fois encore dans de beaux discours, en présence d'un intérêt commun à défendre, les souvenirs plus qu'à demi effacés ; on les oubliera de nouveau à l'heure toujours près de sonner d'un conflit d'intérêts purement matériels. C'est qu'en effet la communauté d'intérêts, identiques aujourd'hui, demain entièrement opposés, est de nos jours, dans l'organisation si compliquée des États modernes, de toutes les bases sur lesquelles peut s'appuyer l'unité la plus instable et la plus éphémère.

Plaçons donc, pour nous résumer, l'intérêt au dernier rang des causes qui fondent et qui maintiennent l'unité d'une nation. qui nouent et consolident les alliances entre les peuples. Nous avons dit pour quelles causes l'influence de la religion a diminué : toutefois on se tromperait de croire qu'elle est détruite, et qu'elle n'est pas d'une ex-

trême importance pour affermir la paix intérieure
et l'union entre les citoyens. Celle de la langue
n'est si puissante de nos jours qu'aux lieux où
cette langue est le dernier souvenir, pieusement
conservé, d'une patrie que la famine et les causes
les plus diverses ont contraint d'abandonner pour
un temps ou pour toujours. Si les Irlandais s'as-
similent aux citoyens des États-Unis plus facilement et plus promptement qu'aucune autre race
d'émigrants européens, c'est qu'ils n'ont pas,
pour les protéger, une langue vraiment à eux,
vraiment nationale, et que transplantés hors du
sol natal il semble qu'ils aient perdu la meilleure
part d'eux-mêmes. Si les Allemands au contraire
entrent plus lentement, et non sans résistance,
dans la grande unité américaine, leur langue nationale qu'ils conservent et qu'ils cultivent avec
amour, qui demeure jusqu'aujourd'hui la langue
de leurs journaux, de leurs revues, de leurs caté-
chismes, de leurs prêtres, en est la principale
cause.

Il est une dernière forme de l'unité politique
et sociale dont le nom suffit à faire connaître ce
qu'elle est, ce qu'elle contient, et aussi ce qu'elle
ne saurait contenir, c'est l'unité jacobine. On l'a
décrite plusieurs fois, Taine en dernier lieu, dans
ses *Origines de la France contemporaine,* d'une
plume aussi fidèle qu'énergique. Ce qu'elle est,

c'est d'un seul mot, la servitude pour tous; ce
qu'elle engendrerait, ce qu'elle contiendrait, si
l'essai en était poussé un peu loin, ce serait pour
tous l'égalité dans la misère. Dans le dessein arrêté de subordonner toutes les volontés à un seul
vouloir, celui de l'État, être abstrait et irrespon-
sable, dont le nom sert à autoriser les mesures les
plus tyranniques, on restreint d'abord, on finit
par supprimer une à une toutes les libertés,
même les plus légitimes et les plus fécondes ; on
arrête dans leur élan les initiatives individuelles,
on tarit les sources de la vie et du progrès. Et si
les nations voisines ne sont pas atteintes du
même mal, si elles ont gardé leur liberté, leurs
croyances, leur foi en elles-mêmes et en Dieu, on
prépare à brève échéance la ruine de la patrie.
Ce que ne contient pas, ce qu'en vertu de son
principe de l'unification absolue en tout opposé à
celui de l'unité vraie qui est, en même temps, diversité et richesse, ne saurait contenir à aucun
degré, si faible soit-il, ce régime d'odieux escla-
vage, c'est l'amour. Où serait sa place dans une
société qui ne possède aucun des biens qu'il est
dans notre nature d'aimer, la liberté en premier
lieu ? Mais où manque l'amour, bientôt à la place
de ce lien tout-puissant des sociétés, de la famille
à la patrie, des lois de plus en plus sévères, et à la
fin impitoyables, des lois draconiennes, c'est le

nom que leur a valu leur première apparition dans l'histoire, s'efforcent de le remplacer. Ce n'est même plus la crainte qu'elles inspirent, cette crainte dont Montesquieu a dit qu'elle est le principe et le grand ressort du gouvernement despotique, c'est la terreur. Le nom en est resté au dernier règne de cette forme la plus contraire à la nature, mais heureusement la plus rare et la plus éphémère de l'unité politique et sociale.

L'idée de la grandeur, l'aspiration à la grandeur s'éveillent comme d'elles-mêmes au sein d'une société qui a pris conscience de sa force solidement établie sur les bases de l'ordre et de l'unité. Mais en même temps l'élément primitif qui, dans la poursuite de l'ordre et de l'unité s'était déjà fait largement sa part, la liberté répand au dehors tout ce qu'elle ménageait au dedans de force latente et de suprême énergie. On ne saurait se taire d'elle, quand on parle de la grandeur, mais on ne saurait non plus la séparer de la raison dont le concours lui est encore plus nécessaire dans la vie des sociétés que dans celle des individus. Leur séparation, même passagère, y est la source des plus grands désordres ; leur divorce absolu, s'il était possible, et on en a bien approché quelquefois, n'a qu'une suite aussi assurée qu'elle

est déplorable, l'abaissement, sinon la ruine de la
société au sein de laquelle il se serait produit.
C'est qu'en effet séparée de la raison la liberté
n'est plus la liberté, mais une force aveugle
s'appliquant au hasard où il faut, où il ne faut
pas, sans règle, sans mesure, au caprice des
appétits, des convoitises, des passions les plus
basses et les plus coupables. Donc pas de grandeur sans liberté, mais aussi point de liberté sans
raison : voilà qui donne, en deux mots, pour les
sociétés comme pour les simples particuliers la
mesure de la grandeur à laquelle ils sont parvenus,
ou de celle qu'ils poursuivent.

Le fait lui-même est indéniable de cette poussée
presque irrésistible d'un peuple jeune, plein de
sève et d'élan, vers un avenir de grandeur, vers
un accroissement de territoire et d'influence' qui
en appelle un autre, lequel en provoque de nouveaux, et ainsi de suite jusqu'à la formation d'un
Empire. Si les Empires sont rares dans l'histoire,
c'est que l'élan dont nous parlions peut être
arrêté dès le début par un de ces obstacles contre
lesquels se brisent les volontés les plus énergiques, et dont le plus fréquent, le plus difficile à
surmonter est le voisinage immédiat d'une nation
anciennement formée, nombreuse, bien gouvernée, supérieure en puissance matérielle et en
valeur morale. Des dominations également fortes,

aussi bien préparées pour l'attaque que pour la défense, peuvent demeurer un long temps vis-à-vis les unes des autres, — tel a été durant plusieurs siècles l'état de notre Europe, — dans une sorte d'équilibre instable maintenu par des guerres, des alliances, des traités. Mais l'heure arrive enfin où, par l'apparition sur la scène du monde d'un génie puissant, ou bien par un concours de circonstances que les politiques les plus avisés ne sauraient prévoir, une ou deux de ces grandes nations rompent à leur profit cet équilibre si péniblement sauvegardé, et deviennent des Empires. Cette heure semble avoir sonné pour le monde moderne et pour notre continent : elle semble s'approcher pour l'Amérique elle-même. Le siècle qui commence, celui qui le suivra verront-ils une fois de plus se réaliser, dans les rapports de ces dominations parfois si effrayantes, mais toujours passagères, avec la grande société spirituelle, l'Église qui leur a toujours survécu, les vues si profondes, si vivement discutées de Bossuet sur le rôle des Empires de ce monde, il est possible, bien que les voies nous en soient inconnues.

Les premières années du xixe siècle avaient vu se former au profit de la France, à la suite de succès prodigieux dus au génie d'un grand homme de guerre, un Empire encore plus rapi-

dement renversé qu'il ne s'était élevé : il n'a pas
même duré autant que la vie de son fondateur.
Sa ruine a déterminé celle d'un autre Empire sur
les terres duquel on a dit, par métaphore, que le
soleil ne se couchait pas, et dont les armées et
les trésors avaient, deux siècles durant, menacé
la liberté de l'Europe. Les Empires qui, nés à la
suite du démembrement de l'Empire de Napoléon, grandissent sous nos yeux auront-ils meilleure et plus durable fortune ? Nos descendants
le sauront de science certaine : tout ce qu'on
peut dire dès aujourd'hui, sans prétendre au rôle
ridicule de prophète, et en se bornant à celui de
simple observateur, c'est que si l'un d'eux a pour
lui la continuité parfaite, le nombre et l'étendue
de ses provinces, en revanche le désavantage est
réel de ne toucher qu'à grand'peine, par des
concessions passagères ou par des alliances, à
cette Mer intérieure dont la possession, dans
tout le développement de ses rivages, a mis le
comble à la fortune de Rome. N'en est ce pas un
autre, au moins présentement, de partager son
attention et son action entre deux mondes si
différents, et d'incliner vers celui qui est le plus
éloigné du foyer de la vraie civilisation ?

Aussi morcelé que celui des Tsars est concen-
tré, l'Empire britannique n'a guère d'autre lien
entre ses possessions éparses dans le monde

entier que celui de ses flottes et de quelques
citadelles dominant çà et là les mers, comme
autrefois les forteresses des seigneurs féodaux
s'élevaient au-dessus des vastes plaines dont
elles étaient moins la protection que l'effroi.
Vulnérable sur presque tous les points de sa
vaste étendue, cet Empire n'a guère qu'une
unité artificielle, et il porte jusque dans son sein
plus d'un germe fatal. Enfin l'Empire qui a paru
le dernier sur la scène, mais qui toutefois plonge
par quelques-unes de ses racines dans un passé
lointain, qui, resserré dans un espace relativement
étroit entre les peuples slaves et les nations de
race latine, voit tous les jours s'accroître sa
population[1] avec sa puissance, parviendra-t-il
à s'étendre de Hambourg à Trieste, et, qui sait ?
jusqu'à Anvers et Amsterdam, dépassant ainsi de
beaucoup les limites du Saint-Empire? A toutes
ces questions l'histoire peut donner, dans un
avenir plus ou moins lointain, toutes les réponses
que les faits lui dicteront, elle ne fera jamais que
cette grandeur des Empires, quand elle est uniquement force matérielle, puissance militaire,
étendue de territoire, ajoutons, si l'on veut, ri-

---

[1] Le fait de cette fécondité de la race germanique n'est
pas nouveau : il y a longtemps qu'on a surnommé l'Allemagne *seminarium gentium*.

chesses et revenus-incalculables, soit la grandeur
la plus haute à laquelle une société puisse parvenir.
Il en est deux autres qui la dépassent de beaucoup, et que les plus petits États peuvent espérer '.
de conquérir aussi bien que les Empires les plus
puissants. L'une vient des Lettres, des sciences,
de la philosophie des arts et de leurs immortels
chefs-d'œuvre ; l'autre n'a qu'une source, la
vertu. Ajoutons qu'aucune grandeur ne surpas-
sera jamais celle qui naîtrait de leur rencontre
aussi heureuse qu'elle est rare.

Ce n'est pas, en effet, dans la formation des
Empires, au sens ordinaire de ce mot, que la
liberté de l'homme se manifeste dans toute sa
force, et, disons-le, avec cette beauté qui lui
vient à la fois de son action propre et du concours de Dieu ; c'est bien plutôt dans la conquête
de la grandeur par les œuvres désintéressées de
l'esprit, et par celles de la vertu, de cette vertu
civile et politique qui consiste à subordonner, à
sacrifier, s'il le faut, à l'intérêt général l'intérêt
particulier même le plus légitime. Trop de
causes, trop de circonstances soudaines, inattendues, contraires, favorables, le plus souvent in-
dépendantes de la volonté humaine suspendent

pour un temps, ou précipitent le progrès de ces impériales dominations, pour qu'on puisse l'attribuer à la seule liberté servie par l'intelligence, et même par le génie. La liberté de l'homme secondée par toutes les facultés que Dieu a mises en lui dès l'origine, et auxquelles il donne quand il lui plaît, et à qui il lui plaît, un surcroît d'énergie, est au contraire très apparente dans les sociétés politiques dont la grandeur, si petite que soit leur place sur la carte du monde, est faite avant tout de beauté et de vertu. Les premières ne laissent d'ordinaire après elles dans l'histoire qu'une renommée incertaine où la sévérité des jugements se mêle à la louange, la malédiction à l'admiration, et des exemples qui perpétuent leur habileté politique, trop souvent aussi leurs fautes ou leurs crimes. Les autres lèguent à l'humanité des œuvres qui ne mourront pas, et qui ne cesseront jusqu'au plus lointain avenir de charmer, d'éclairer, de consoler, de provoquer les bonnes résolutions, de fortifier les courages, d'enchaîner, par les liens indissolubles de la philosophie et de la religion, aux réalités parfois douloureuses de la vie présente, les espérances et les certitudes de la vie à venir.

Ce serait retarder inutilement notre marche que de citer ici des exemples : ceux-là seulement les pourraient ignorer qui n'ont pas ouvert un livre d'histoire. En revanche, une question qu'on aurait le droit de nous poser a trait à la grandeur qu'un peuple doit surtout à la vertu. Assurément, de tel ou tel personnage célèbre on a le droit d'affirmer qu'il doit son illustration à sa grandeur morale, grandeur dont la vertu, telle que nous l'avons définie, est l'unique et solide fondement. On l'a dit d'Aristide, de Socrate, de Philopœmen, de Caton, de Thraséas, de Marc-Aurèle, pour ne citer au hasard que des noms très connus : on l'a répété mille fois d'une foule d'autres depuis l'Ère chrétienne ; mais le peut-on dire aussi justement d'une nation entière, d'un peuple entier ? Avec moins d'assurance peut-être, et des preuves moins décisives, tant qu'on n'est pas allé jusqu'au fond des choses, et qu'on n'a pas envisagé la question sous tous ses aspects. Nous ne le saurions faire aujourd'hui : vous nous permettrez du moins une remarque. On fait honneur avec grande raison aux Athéniens contemporains de Périclès, aux citoyens de Florence sous le règne des Médicis, aux Français de la cour et de la ville sous celui de Louis XIV, d'avoir contribué pour une large part à l'épanouissement et au brillant éclat des Lettres, de la philosophie, des arts. L'essor de tant de beaux génies, dans ces âges favorisés du ciel, se fût bien vite arrêté, s'il ne s'était trouvé pour le soutenir tout un peuple

d'auditeurs, de lecteurs, d'admirateurs aussi bien
préparés par une solide culture qu'épris du beau
et de la vérité. Pourquoi dès lors n'aurait-on pas
un droit égal d'affirmer que ces grandes et
héroïques vertus d'hommes d'État, d'orateurs,
de généraux, de citoyens, dont Plutarque et les
imitateurs de Plutarque se sont faits les historiens, sont nées et ont brillé de tout leur éclat
seulement chez les peuples où l'état moral du
plus grand nombre, tout au moins d'une élite,
où les croyances religieuses et les vertus privées
en favorisaient l'éclosion ?

La vertu, ce fruit par excellence de la liberté,
ne saurait offrir, considérée dans l'ensemble
d'une nation, les caractères qu'on lui voit clairement, distinctement, chez les simples particuliers : elle n'y possède pas le relief, les traits
saillants que lui donne la personne. De celle-ci,
au contraire, on peut analyser les actes, sonder
jusqu'aux plus secrètes intentions, noter au besoin les défaillances, constater les progrès. La
vertu d'un peuple se compose du sens moral de
chaque citoyen pris à part, du degré de lumière
et de force auquel il est parvenu, des actes qui
en ont été la suite ; et ce total est moins facile à
déterminer, prête moins à la description que
la vie et les vertus d'un seul homme se détachant
de la multitude, et se montrant aux yeux de tous

dans la pleine lumière de la vie publique. Les
vertus privées ne sauraient non plus avoir l'éclat
de celles qui ne liées à de grands intérêts, avivées
par de grai   passions, se produisent sur un
théâtre aux scènes infiniment variées. Et pourtant c'est sur ces vertus domestiques, simplicité,
sobriété, amour du travail, fidélité au lien conju-
gal, amour et religion du foyer, croyance au
monde invisible et à la vie à venir, accomplis-
sement des devoirs de chaque jour, que s'est
fondée, comme sur de solides assises, la grandeur de Rome ; c'est avec leur diminution qu'a
commencé la décadence, avec leur disparition
que sa ruine s'est consommée. N'est-ce pas à leur
vertu que de petits peuples, pauvres et vaillants,
profondément religieux, ont dû de pouvoir ré-
sister avec succès aux entreprises de longue date
préparées, aux violents assauts de peuples puissants ? Et, pour ne pas chercher nos exemples
dans un passé fort éloigné, quand nous en avons
si près de nous, sous nos yeux, les deux petites
républiques qui, dans l'Afrique du Sud, soutien-
nent, depuis plus de deux ans, avec tant de courage et de constance une lutte inégale contre un
Empire immense, n'auront-elles pas, quelle qu'en
soit l'issue, un renom de grandeur impérissable,
et le devront-elles, après Dieu, à autre chose qu'à
leur vertu ?

Ce mot de *vertu* peut bien faire sourire quelques-uns de nos contemporains qui en ont oublié ou n'en ont jamais su l'origine, et qui peut-être ne savent pas beaucoup plus d'histoire. Il n'en garde pas moins sa valeur absolue, son sens propre, celui que Montesquieu lui a reconnu, quand il a dit de la vertu qu'elle est le principe, le grand ressort du gouvernement républicain. Ne craignons pas d'ajouter qu'il n'y a pas sans elle, dans quelque gouvernement que ce soit, de vraie et durable grandeur, d'objet auquel puisse plus utilement et plus noblement s'appliquer la liberté éclairée par la raison.

Nous venons, l'histoire sous les yeux, de constater à quel point, dans la formation et le progrès des sociétés, les éléments primitifs, ordre, unité, grandeur, liberté, avec les sentiments qui en font partie intégrante, jouent le même rôle, remplissent les mêmes fonctions que dans la formation et le développement de nos pensées. Étroitement unis les uns aux autres, ils relient entre eux les éléments acquis, quel qu'en soit le nombre; ils y font pénétrer la lumière et la vie. Ainsi, dans les corps organisés, le noyau de la cellule est, pour les éléments secondaires du protoplasma, le principe nécessaire d'une formation qui s'arrête, la source d'une vie qui s'éteint, s'il s'étiole et s'il meurt. Mais à côté de l'ordre vrai, de l'unité

vraie, de la grandeur et de la liberté véritables,
nous avons vu apparaître, dès l'origine, et non
pas, comme le veut Jean-Jacques Rousseau, sous
l'influence soi-disant malsaine de l'état social, un
ordre instable, troublé, bouleversé dans certains
pays par de trop fréquentes révolutions, une
façon d'unité qui se détruit elle-même, à force
de s'appauvrir en se concentrant, une fausse
grandeur qui poursuit l'ombre et abandonne la
réalité, une liberté qui, pour vouloir s'émanciper
de la raison, abdique et renonce à ses plus beaux
privilèges. Ces faits sont constants; ces déformations, ces déviations sont une grande partie de
l'histoire des sociétés, de même qu'elles sont loin
d'être rares dans celle de notre vie. Il ne servirait
de rien de les nier : on n'y gagnerait que d'ajouter
une nouvelle et dangereuse erreur à celles qui,
en trop grand nombre déjà, font obstacle dans
notre âme à la conquête ou à la paisible possession de la vérité.

Peut-être aurions-nous dû, en traitant de la
grandeur[1], rappeler combien ses degrés sont
nombreux, depuis la plus simple distinction de

---

[1] Voir, pour une étude moins sommaire de la grandeur et de ses degrés, le Récit-Dialogue, *l'Art et la
Pensée*, dans le volume qui porte le même titre.

naissance ou de rang jusqu'à la grandeur morale la plus haute et la plus digne d'envie. La tâche aurait été aussi longue que peu rémunératrice. Le profit serait sérieux au contraire, de l'entreprendre pour la vérité : nous allons l'essayer.

Faisons d'abord leur part, leur large part à ces vérités qui sont comme le fonds commun de toutes les intelligences, qui s'imposent à nous, sans que nous ayons à les chercher et à les découvrir. Si leur objet n'est pas très élevé, elles n'en sont pas moins, sous le nom de vérités de bon sens, de données du sens commun, d'un usage journalier dans nos rapports avec nos semblables, dans la direction de notre vie, et tellement indispensables pour le maintien et le bon état de la société que celle-ci ne serait plus possible, si elles venaient à s'effacer de nos esprits. Ceux-là même s'en servent constamment, et non sans profit, dont l'esprit subtil se plaît à en contester la valeur, et soulève à leur propos des questions d'origine plus curieuses que sérieuses. Qu'il s'agisse d'ailleurs d'intérêts privés ou de la chose publique, de résolutions à prendre, de dangers à éviter, du choix d'une carrière, de la conduite d'une armée, d'une trêve ou de la paix

à conclure, voire·d'une théorie philosophique à
constituer, on ne risque jamais rien à se mettre
d'accord avec le bon sens ; au contraire, à vouloir
se passer de lui, on s'expose à tout perdre ou à
tout compromettre. *Qui trop embrasse, mal étreint :*
voilà, dans sa forme populaire, une règle du bon
sens. Combien d'hommes politiques, combien de
conquérants, combien de philosophes auraient fait
sagement de ne point l'oublier ! C'est qu'en réalité
le bon sens n'a pas, dans ses maximes bien et
dûment autorisées, d'autres racines que celles de
la raison : la seule différence c'est que la plante
s'est élevée moins haut, et que ses sucs aussi
purs contiennent moins de substance.

Le bon sens n'est toutefois qu'un point de départ et un point d'appui, au delà duquel l'esprit de
l'homme s'est élancé dans toutes les directions
à la recherche de la vérité. On peut dire qu'il a
fait, de siècle en siècle, d'abord dans un certain
désordre, plus tard avec des méthodes plus
sûres et une persévérance qu'aucun revers n'a
lassée, la conquête de notre planète. Il ne s'est
pas contenté d'observer et de décrire, sous tous
ses aspects, dans toutes ses productions, du fond
des mers et des plaines aux cimes neigeuses des
plus hautes montagnes, la Nature dont les poètes
se bornaient à célébrer les charmes, il a voulu
savoir quelles lois dominaient, quelles secrètes

énergies engendraient ces phénomènes d'une infinie diversité, en maintenaient, en troublaient
parfois, mais pour les rétablir toujours, les mer-
veilleuses harmonies. Plus haut que ces phénomènes, ces lois et ces forces, il avait, de bonne
heure, entrevu ce qu'on a nommé plus tard la
Mathématique ou la Géométrie universelle, et de
progrès en progrès il en avait, avec une audace
que couronna le .succès, appliqué les théorèmes
immuables aussi bien aux espaces célestes, aux
corps de toutes les grandeurs qui les parcourent
dans tous les sens, qu'à ceux de notre petite et
étroite planète. De nos jours enfin où il recueille
avec une abondance croissante les fruits du
labeur de tant de siècles, et où il s'efforce, par
mille inventions ingénieuses, de les faire servir
à l'amélioration de la vie humaine, pris d'admiration à la vue de ces vérités disposées dans
un si bel ordre, les unes universelles, éternelles,
immuables, les autres participant à tous les
degrés de leur fixité, il les a réunies comme en
un seul tout correspondant à l'unité de l'univers
physique et de la Mathématique qui en mesure
jusqu'aux plus imperceptibles mouvements, et ce
tout il l'a nommé *la Science*. Science qui n'est,
par rapport à lui, être borné dont les pensées
successives n'embrassent jamais à la fois qu'un
tout petit point de l'espace et du temps, et ne dé-

passent pas la surface des choses et des vérités qu'elles croient le mieux entendre, qui n'est, dis-je, que simple savoir et rien davantage[1]. Science, terme commode pour exprimer le rapport de toutes les sciences particulières entre elles, le lien indissoluble qui les enchaîne, mais qui, après tout, dans son sens absolu, complet, dans sa pleine réalité, convient uniquement à l'Être parfait dont la pensée éternelle, éternellement agissante, embrasse dans un éternel présent tout ce qui est.

Ce n'est point d'ailleurs dans les sciences et

---

[1] La vraie, la parfaite exactitude serait de dire *le savoir*, quand il s'agit de l'esprit humain, *le savoir*, avec l'immense domaine qu'il s'est légitimement acquis, avec la carrière autrement vaste qui lui reste à parcourir, avec ses progrès incessants et de plus en plus rapides, avec ses incertitudes et ses doutes, et de dire *la Science*, quand on parle de Dieu et de l'entendement divin. Gardons-nous toutefois de viser à ces précisions, de protester contre l'usage établi depuis si longtemps, malgré les confusions dont il est constamment la source; laissons les choses en l'état où elles sont, et à la Science, telle qu'on l'entend de nos jours, le mérite d'un acte de foi plus ou moins conscient de lui-même à l'existence d'un Être parfait en science, c'est-à-dire, pour qui réfléchit tant soit peu, absolument parfait. *Pensées et Portraits*, p. 426.

Pour ceux qui nient Dieu et se prosternent devant la Science, c'est l'ombre de Dieu qui cache Dieu. Si Dieu pouvait disparaître, l'ombre s'évanouirait. *Pensées et Portraits*, p. 428.

dans les vérités relatives au monde physique que l'âme de l'homme trouve l'aliment qui convient le mieux à sa nature immatérielle et immortelle. Il lui est fourni par les sciences morales et surtout par la philosophie, dont l'objet le plus élevé, — elle en a d'autres encore, mais qui se rapportent tous à celui-là, — est l'Infini, le Parfait, le Bien par excellence. Assurément, Dieu est aussi, sous le nom de l'Éternel Géomètre, le terme auquel aboutissent les différentes branches de la Mathématique, mais ce n'est là qu'un aspect de son Être. Le concours de la volonté droite, celui de l'amour sont nécessaires pour faire de la plus haute des abstractions la plus vivante des réalités, pour que celle-ci devienne le pain de l'âme, l'aliment substantiel de la vie intellectuelle, morale, religieuse, et, pour les vrais philosophes, celui de leurs profondes méditations. Un trop grand nombre négligent, oublient, se détournent, et à la fin se cantonnent dans des régions inférieures que traversent seulement, à défaut de la grande et indéfectible lumière, de faibles et fugitives clartés. C'est donc partout que nous retrouvons les erreurs, les défaillances, et jusque dans l'étude de la science maîtresse qui, au nombre de ses multiples devoirs, compte celui d'en découvrir le principe et d'y apporter un remède efficace.

Au-dessous de la philosophie, d'autres sciences qu'on nomme aussi des sciences morales, se distinguent des sciences de la Nature par un caractère qui semblerait, au premier abord, les placer dans un rang inférieur, mais qui, envisagé de plus près établit au contraire leur supériorité. Le monde, en effet, que les sciences physiques explorent dans tous les sens, dont elles décrivent les phénomènes et découvrent les lois, ce monde n'a qu'un avantage, mais tout apparent, celui d'une régularité tellement constante, tellement parfaite, malgré quelques déviations et quelques anomalies toujours réductibles à des lois déjà connues, qu'elle devient, par sa monotonie et sa rigidité en quelque sorte fatales, une cause réelle d'infériorité. Combien diffèrent, dans sa mobilité incessante, dans la diversité infinie des tableaux qui s'y succèdent, sans se répéter, ce monde que l'histoire nous raconte, et où sous l'impulsion puissante de la liberté, telle que nous l'avons décrite, l'âme humaine produit au grand jour, avec ses énergies latentes, toutes ses richesses d'amour et de pensée! Comme nous nous connaissons mieux, quand sur ce vaste théâtre, grâce à cette vive lumière, nous découvrons plus clairement les causes de nos erreurs, les suites si différentes du bon et du mauvais vouloir, et par-dessus tout la force de la vérité qui, plus sûrement que les gros bataillons, est toujours assurée, son jour se fit-il longtemps attendre, d'avoir le dernier mot et de remporter la dernière victoire.

Mais où l'ordre hiérarchique[1] se fait mieux apercevoir c'est dans les rapports, qu'on pourrait appeler personnels, de ceux qu'on nomme ou qui se nomment eux-mêmes des savants avec la vérité. Un grand nombre d'entre eux, en effet, s'appliquent à des recherches tellement spéciales, à propos d'un objet si étroitement limité, sans nul rapport d'ailleurs avec la direction de la vie,

---

[1] « Ne pourrait-on dire des savants modernes dont le nombre est aujourd'hui si considérable, et va croissant tous les jours, qu'ils sont comme les membres d un grand Ordre, dont la dernière classe, celle des simples chevaliers, contiendrait tous ceux qui cultivent, sans s'inquiéter de leurs voisins, un petit champ du vaste domaine ouvert à la curiosité des hommes? Au-dessus d'eux, dans des classes de moins en moins nombreuses, apparaîtraient les dignitaires, officiers, commandeurs, grands-officiers, grands-croix, selon que leur regard devenu plus fort et plus pénétrant embrasserait de plus haut des espaces plus vastes. Quant au Grand Maître, je n'en vois qu'un digne de présider à l'Ordre tout entier, c'est Celui qui, étant la Science même, assigne à ses membres, sans erreur possible, sans nominations officielles, par la seule distance où ils se tiennent de lui, et où leur savoir les rapproche plus ou moins de sa Science parfaite, le rang qu'ils doivent occuper. » *Pensees et Portraits*, pp. 428-429.

qu'on a droit de les placer au dernier rang.
D'autres dépensent la pénétration et la force de
leur intelligence au profit d'études plus importantes, mais en dehors desquelles tout le reste,
leur est indifférent et absolument étranger. Si
leur vie est honnête et digne, ils le doivent à
d'autres causes : leur savoir n'y est pour rien.
Plus haut, à tous les degrés, s'échelonnent les
savants dont l'intelligence plus vaste, plus sûre
d'elle-même; garde sans doute une préférence
marquée pour une branche des connaissances
humaines, pour un ordre particulier de vérités,
mais s'efforce aussi d'en découvrir les rapports
avec les sciences voisines et les vérités d'un
ordre différent. A un moment donné de ce labeur
consciencieux, persévérant, là où, dans une première et rapide étude, ils n'avaient aperçu que
des différences, les ressemblances, au contraire,
et les analogies se découvrent à eux de plus en
plus nombreuses, nettement accusées : l'idée de
la Vérité embrassant en elle, engendrant toutes
les vérités, est bien près de leur apparaître. Du
jour où elle pénétrera dans leur esprit, ils ne
seront plus seulement des savants, mais aussi
des philosophes ; et plus elle y tiendra de place,
plus leur science deviendra sûre, féconde, leur
philosophie compréhensive et profonde.

A ce degré d'élévation deux voies s'ouvriront

devant eux, dont ils pourront, au gré de leurs préférences, choisir l'une ou l'autre, ou, ce qui est meilleur et plus fréquent, passer alternativement de l'une à l'autre. A certaines heures on les verra s'absorber dans la méditation et l'amour de la vérité, mais ils ne tarderont pas à s'arracher à cette contemplation aussi délicieuse qu'elle est passagère, pour devenir, — tant est grand le rapport des vérités entre elles, des vérités du savoir avec celles de la vie, — les amis, les conseillers des humbles et des pauvres, les promoteurs des grandes œuvres religieuses, patriotiques, les bienfaiteurs de l'humanité. Ils s'appelleront, rien que pour ce siècle et pour la France, Ampère, Cauchy, Puiseux, Hermite, Pasteur. La liste en est à peine ébauchée, et dans un seul ordre de sciences. Si on la dressait tout entière, on reconnaîtrait à quel point les vrais savants, par leurs leçons, leurs travaux, leurs exemples, ont étendu le règne de la vérité et contribué, pour une part considérable, à la faire pénétrer dans les masses, non seulement sous la forme scientifique, grâce au concours d'habiles vulgarisateurs, mais sous celle de lumière pour la direction de la vie, de force pour la volonté, d'appui pour la vertu. La science désintéressée est déjà par elle-même d'un grand secours pour bien vivre, et pour enseigner par l'exemple de ceux qui la cultivent

sans aucune arrière-pensée de lucre ou d'ambi-
tion, à préférer l'honneur à l'argent, le travail aux
faciles plaisirs, l'*aurea mediocritas* aux vaines
splendeurs du luxe et de la fortune. Unie à de
sincères convictions religieuses, son action devient plus puissante encore ; elle s'étend par
mille voies directes et indirectes jusqu'aux derniers rangs de la société.

L'histoire nous montre dès l'origine au som-
met de *La Cité antique*, c'est le titre du livre
célèbre de Fustel de Coulanges, des savants et
des sages, — ces deux termes sont alors très
souvent et indifféremment employés l'un pour
l'autre, — tenant école de morale, de politique,
de législation, et confirmant leurs leçons par
l'exemple de leur vie. Il est inutile d'ajouter, le
fait est pour cela trop connu, que leur nombre,
depuis l'Ère chrétienne, n'a cessé de s'accroître.
Pour leur grande part, dans la mesure des
forces humaines, ils ont contribué à répandre la
foi aux vérités capitales qui font les peuples
libres, forts et heureux. Sous l'influence de ces
vérités relatives à l'âme, à Dieu, au devoir, à la
famille, à la vie à venir, à ses peines, à ses
récompenses, le sens moral si prompt à s'affaiblir,
à se plier aux compromis douteux, se conserve
intègre et délicat ; les mœurs, au moins dans la
grande majorité des citoyens, demeurent hon-

nètes et pures; les lois moins nombreuses ont
moins à réprimer, moins à punir, les révolutions
deviennent moins fréquentes. Enfin, la liberté si
chère à tous les hommes que son nom seul suffit
à les faire accourir et à les transporter, la liberté
ne prend tout son essor que quand la vérité vient
briser ses chaînes, *veritas liberabit,* régler son
élan, l'éclairer dans son action. Elle n'est jamais
si sûre d'elle-même et de son avenir que quand
elle contracte avec la vérité une solide, nous
n'oserions dire une indissoluble alliance.

L'ordre est beau dans une nation, quand l'accord y est parfait entre lui et la liberté, entre lui
et la vérité ; l'unité est belle, quand elle ne supprime point la diversité, quand elle ne s'est pas
établie, en faisant violence au droit et à la liberté.
La grandeur est belle, quand elle vient de l'intelligence, de la vertu, du sacrifice ; la liberté est
belle, quand, sous la dictée de la raison, elle se
dépense au service du bien, du devoir, de l'honneur, de toutes les nobles causes. Il y a donc,
pour les institutions, les lois, les œuvres, dans
l'ordre social, un degré de perfection auquel,
quand elles l'ont atteint, s'ajoute d'elle-même
la beauté. De même, dans l'ordre de la pure

intelligence, il est des vérités qui, plus riches, plus profondes, nous permettent de pénétrer plus avant dans la connaissance des attributs divins. Cette communication plus intime avec l'Infini, le Parfait, les éclaire d'une si vive lumière, les revêt d'une telle beauté, et cette beauté engendre un tel amour, que leur contemplation peut, dans certaines âmes privilégiées, atteindre au ravissement de l'extase. Mais nous n'avons ni le dessein, ni le pouvoir de dévoiler ce qu'un très petit nombre d'élus, sages ou saints, ont seuls éprouvé, et que plusieurs d'entre eux déclarent qu'on ne saurait, en langage humain, décrire tel qu'ils l'ont senti. Nous n'essaierons même pas de dépeindre, dans un ordre inférieur, mais encore très élevé, cette beauté que l'œil de l'homme n'atteint point, parce qu'elle est tout entière dans l'âme, et qu'à peine quelques faibles reflets apparaissent dans l'expression et sur les traits du visage : nous voulons dire la beauté morale, soit que, pur don du ciel, elle n'ait été précédée d'aucun combat, soit que succédant à des luttes longues et violentes, à des victoires chèrement achetées, elle en soit la glorieuse récompense. Bornons-nous à la beauté telle que nous pouvons l'apercevoir avec les seules ressources d'une vue toujours au-dessous de son objet, quand cet objet c'est la beauté intérieure et immatérielle.

L'idée et l'amour du beau sont, à ce point, primitifs, indéracinables dans l'âme de l'homme qu'il en vient à pallier, à oublier même dans le monde physique les irrégularités, les intempéries, les fléaux de toute sorte, dans le monde moral, avec une indulgence parfois excessive, les désordres, les déformations, les laideurs. Quelques beaux jours d'un charme incomparable, semés à de longs intervalles dans l'espace d'une saison entière, ont fait au printemps, avec l'aide, il est vrai, des poètes, une réputation que ne parviendront jamais à détruire, que n'ébranlent même pas les fréquents retours d'hiver, les soudaines tempêtes, les journées pluvieuses et froides qu'il ramène chaque année. Un paysage qui nous a ravis, le calme reposant d'un beau soir d'été, les adieux touchants du soleil d'automne seront-ils pour nous dans quelques mois ce qu'ils étaient au moment même où nous en avons joui ? Est-ce que peu à peu nous n'en effacerons pas, nous n'en ferons pas disparaître jusqu'à la moindre trace ce qui en avait troublé l'agréable impression, pour n'en conserver que le charme pur de tout mélange ? C'est l'idée et l'amour du beau se combinant avec l'idée et l'amour du bonheur parfait qui ont opéré ces changements : on sait à quel point leur union est indissoluble.

Une autre union qui n'est ni moins étroite, ni

moins ordinaire, l'union de l'amour de soi ou de
ceux qui nous sont chers avec le sentiment du
beau a pour premier résultat de nous faire découvrir en nous-même, nous le savons trop pour
y insister, ou en eux, des qualités que des regards
moins intéressés n'y découvrent pas aussi clairement. Telles, par exemple, les perfections nais-
santes que nombre de parents, de mères surtout,
excellent à constater et ne se refusent pas de
célébrer chez leurs enfants, dès l'âge le plus
tendre : telles, à plus forte raison, celles que les
amoureux découvrent avec non moins de perspi-
cacité chez les jeunes filles dont ils sont épris.
Innocente illusion de l'amour et de la beauté
qu'ont si finement et si plaisamment décrite
Lucrèce dans l'antiquité, Molière à sa suite et
d'après lui, dans des vers souvent cités. N'y au-
rait-il pas aussi un reste d'amour de soi avec
beaucoup d'amour de la grandeur et du beau,
dans les images que nous traçons dans notre
cerveau de quelques hommes vraiment grands, ou
proclamés tels par la voix publique, et dont nous
enrichissons les qualités, les vertus, les mérites
réels, de tout ce que nous suggère l'idée en notre
âme toujours vivante de la beauté sans ombre et
sans tache. Ceux-là seuls, j'ai droit d'en parler,
car je suis de leur nombre, qui, dans leur enfance ou leur première jeunesse, ont connu et

entendu les vieux soldats de Napoléon Ier, peuvent comprendre à quel point l'Empereur, ils ne le nommaient pas autrement, était, dans leur conviction immuable et leur amour passionné, plus qu'un capitaine incomparable, qu'un politique sans égal, qu'un administrateur parfait, supérieur aux plus grands génies qui l'ont précédé sur la scène du monde, en un mot plus qu'un grand homme, une sorte de Dieu parmi les hommes. Combien de portraits dans l'histoire, mais surtout dans les biographies à la Plutarque, — elles se multiplient de nos jours pour les plus minces talents ou pour des vertus qui ne réclamaient que le silence, — dont les auteurs, s'ils n'étaient pas aussi mal instruits, aussi intolérants dans leur admiration que les vétérans de l'Empereur, n'en ont pas moins ajouté à la vérité vraie nombre de traits où l'amour de leur héros, joint à l'amour de la grandeur et du beau, a laissé sa marque visible.

Ce n'est pas, — l'histoire et les traditions s'accordent sur ce point, — dans le premier âge des sociétés que l'idée et l'amour du beau se manifestent par des œuvres dignes de passer à la postérité. La pauvreté, la grossièreté d'une vie encore à demi barbare, les luttes continuelles à l'intérieur et avec l'étranger en compriment longtemps l'essor : la culture qui leur est indispen-

sable ne saurait leur être donnée. Quelques
ornements, quelques ciselures, quelques dessins
d'un travail très imparfait, quelques sculptures
grossières, quelques chants de guerre ou d'amour,
comme on en peut entendre encore chez les tri-
bus sauvages de l'Afrique et de l'Océanie, c'est
tout ce que produit le sentiment du beau déjà
éveillé, mais impuissant dans les liens qui l'enchaînent. Il s'en dégage peu à peu, et les progrès
de la paix publique, ceux de l'état social me-
surent ses propres progrès. Libre la première,
plus hardie, plus pressée de se produire au grand
jour, la poésie célèbre dans des vers plus riches
de faits que d'idées et d'harmonie, les belles actions des héros de la race, fondateurs ou sauveurs
de la Cité. Plus tard, elle monte avec eux sur la
scène où les dieux eux-mêmes paraîtront et par-
leront, au moins dans les premiers temps, où ils
donneront la réplique aux demi-dieux, aux héros,
aux simples mortels. La musique naîtra avec les
chœurs. pour les animer et en régler les mouvements, puis elle s'élancera dans ses propres voies.
Vienne l'heure où, soit la Cité, soit la nation
ayant, après un long passé d'efforts, de travaux,
de combats, pris conscience de leur génie, où la
langue et les mœurs s'étant polies et affinées, le
sens du beau deviendra lui-même plus délicat,
plus propre à exprimer aussi bien dans des monu-

ments matériels, temples, théâtres, palais, que
dans les œuvres de l'esprit, les sentiments et les
idées dont le nombre et la valeur se seront
accrus avec le temps. Ce n'est pas seulement la
poésie, l'éloquence, la musique, la peinture, l'architecture, d'un seul mot les Lettres et les Arts,
qui auront éprouvé l'heureuse influence de tous
ces progrès ; c'est l'histoire elle-même qui, sous
la plume d'écrivains aussi épris du beau que
passionnés, parfois à l'excès, pour la gloire de
leur pays, deviendra une œuvre d'art presque
autant que le simple et fidèle récit des faits
accomplis. Sans doute on se réservera le droit
de reviser, de rectifier, celui de juger autrement
qu'eux la conduite et les intentions, mais on
ne refusera pas d'admirer la douceur ou l'éclat
des couleurs dont ils ont peint leurs tableaux,
leurs portraits si pleins de vie qu'ils nous font
vivre nous-mêmes, au moins quelques instants,
de la vie des hommes et des Cités depuis longtemps disparus.

Nous sommes loin toutefois de prétendre que
les choses se soient passées dans tous les temps,
dans tous les pays, avec la même suite, la même
régularité. Tantôt, en effet, les hommes vraiment
supérieurs par le génie ou le talent, poètes,
artistes, philosophes, orateurs, historiens, apparaissent isolés, à la suite les uns des autres, ou

réunis en groupes peu nombreux; tantôt, — c'est
la rare fortune des grands siècles, — autour d'un
homme supérieur lui-même par le rang et l'autorité, par un naturel amour du beau, inspirés,
encouragés par lui, ils ont formé comme une cour
de grands et nobles esprits, chacun d'eux parfait
dans le genre qu'il cultive, et révélateur d'un
aspect particulier de la beauté. Qu'on veuille bien
aussi ne point nous adresser le reproche d'avoir,
dans ces rapides aperçus, négligé de signaler la
bienfaisante et puissante influence du christianisme sur le développement de l'idée et du sentiment du beau : le christianisme et l'Église seront
l'objet de notre troisième et dernière Conférence.

Disons cependant dès aujourd'hui, contrairement à une thèse récemment soutenue, mais qui
ne saurait prévaloir, que le beau ne remplacera
jamais comme moyen d'éducation et instrument ·
de progrès social, non seulement la religion, mais
la vieille morale du Bien, telle que les plus illustres
représentants de la *philosophia perennis* l'ont,
dans tous les temps, comprise et enseignée. Le
beau est excellent pour orner, pour charmer la
vie, il ne peut rien pour la diriger. De ses trois
degrés, en effet, *le pur sensible, l'expression,
l'idéal*, le pur sensible ne va guère qu'à flatter
les sens. L'expression n'est pas moins au service
des passions violentes et même coupables qu'à

celui des sentiments les plus purs et les plus géné-
reux. Les vices, pourvu qu'ils aient je ne sais
quel faux air de grandeur, la trouvent aussi bien
disposée en leur faveur, aussi prête à les faire
valoir, que les plus héroïques vertus. C'est la
nature humaine, l'âme humaine que l'expression
peint telle qu'elle est, dans ce qu'elle a de meilleur et ce qu'elle a de pire, dans Polyeucte et
dans Félix, dans Burrhus et dans Narcisse, dans
Joad et dans Athalie. Elle ne se charge pas d'en
faire le discernement exact, et moins que jamais
dans le drame et le roman modernes : elle laisse
l'auditeur ou le lecteur à ses propres impressions,
à la sûreté ou à la médiocrité de son jugement.
L'art à ce degré moyen, s'il peut quelque chose
pour le bien n'est guère moins puissant pour le
mal, et ses effets sont de valeur au moins dou-
teuse. A l'idéal seul, cette chaste manifestation
du beau, il appartient non pas d'enseigner les
principes du bien, les règles du devoir, mais de
disposer les âmes à s'y soumettre, en leur inspi-
rant le dégoût de ce qui est bas, vulgaire et vil,
l'amour de ce qui est pur, noble, sublime, en les
élevant en quelque sorte au-dessus d'elles-mêmes
et de la terre. Mais l'idéal n'est-il pas aussi rare
que les vrais chefs-d'œuvre ? Est-il si facile d'ailleurs au grand nombre, surtout dans l'enfance
si légère, si aisément distraite, si peu capable

d'attention, dans la jeunesse absorbée par le souci et la préparation de l'avenir, de s'éclairer et de s'échauffer à ses rayons, quand les artistes ne communient avec lui et ne reçoivent ses inspirations qu'à de rares intervalles? Ne demeurent-ils pas, le reste du temps, des hommes semblables à tous les hommes, aussi faibles contre les séductions du mal et celles du pur sensible ?

L'action directrice, l'influence constante et prépondérante des éléments primitifs de la pensée que nous avions une première fois découverte au plus intime de nous-mêmes, nous venons de la retrouver dans la formation et le développement des sociétés. Confirmées par le témoignage décisif de l'histoire, nos premières observations, celles que nous venons d'y ajouter sont loin encore de nous livrer tous les secrets de l'âme humaine, de nous dire le dernier mot de l'histoire[1]. Elles nous ont du moins clairement montré que, se pénétrant sans cesse les uns les autres, les éléments primi-

---

[1] « L'histoire de l'humanité est comme ces grands fleuves qui vont à la mer par toutes les voies, par tous les lits, par tous les détours que les circonstances ou la volonté de l'homme réussit à leur imposer. On peut tout sur eux, sauf de les empêcher d'aller à la mer ; on peut tout sur l'histoire, sauf de l'empêcher d'aller où Dieu veut. » *Pensées et Portraits*, page 424. Chapitre De l'Histoire.

tifs de la pensée sont les rayons d'une même
lumière émanée d'un unique foyer, que notre
pensée finie, bornée dans tous les sens,est comme
suspendue à la Pensée divine, infinie, parfaite.
De même pour les sentiments qui accompagnent
un à un et vivifient les éléments primitifs d'ordre
purement intellectuel : leur source unique est en
Dieu, dans l'amour infini qu'engendre éternellement en lui la conscience de ses perfections. Et
ainsi s'explique que ni fautes, ni défaillances, ni
chutes, même les plus profondes, n'aient jamais
pu détruire, pas plus dans les sociétes que dans
les créatures raisonnables dont elles sont compo-
sées, l'aspiration au parfait, à l'infini, au bonheur parfait, ensuite à toutes les perfections de
l'ordre, de l'unité, de la grandeur, de la liberté,
de la vérité, de la beauté.

Il nous reste à envisager, parmi ces sociétés
qu'il est si utile de connaître pour achever de se
connaître soi-même, une société dont les caractères, sans s'opposer à ceux des autres sociétés,
sont toutefois si remarquables, ont exercé dans la
suite des événements humains une telle influence
qu'elle a dès longtemps, et, de nos jours au moins
autant qu'aux époques antérieures, attiré, captivé
l'attention des historiens, des philosophes, des
hommes d'État, et de tous ceux qui ont quelque
droit à se dire des hommes d'étude.

L'ÉGLISE ET LES ÉLÉMENTS PRIMITIFS

DE LA PENSÉE

MESSIEURS,

S'il est un rapport entre Dieu et l'homme que nous pouvons affirmer sans fol orgueil, envisager avec une sorte de confiance et d'une vue directe de l'esprit, c'est le rapport de notre faculté finie de penser et d'aimer avec la pensée infinie et l'amour infini du Créateur. C'est par la pensée qu'il se connaît, et que connaissant toutes ses perfections il s'aime d'un amour infini, parfait. C'est par la pensée que nous connaissons ce peu que nous sommes, et que nous connaissant nous nous aimons d'un amour qui en vient parfois à cet étrange excès d'aimer en nous jusqu'à nos imperfections. Le monde n'est point suspendu, comme l'ont dit quelques modernes, à un axiome éternel, ou à un nuageux concept, c'est-à-dire la

7

réalité à rien, il l'est à la pensée et à l'amour de Celui qui, — Platon l'avait entrevu, — l'a conçu dans sa pensée, l'a créé par un pur effet de sa bonté et de son amour. A ne considérer que notre planète, et sans nous poser l'insoluble question de la pluralité des mondes habités, des sociétés qui peuvent s'y être formées, des conditions de leur existence, nous nous sommes borné à constater qu'ici-bas les deux moteurs tout-puissants, les deux grands ressorts toujours en action, le principe de toutes les transformations, de tous les progrès, qu'il s'agisse des individus ou des nations, c'est toujours la pensée, et avec la pensée, l'amour, son inséparable auxiliaire.

Or, ce qui nous frappe le plus vivement, dès le premier coup d'œil jeté sur son histoire, dans la Société parfaitement une dont nous allons essayer de dessiner à grands traits les principaux caractères, c'est le rôle prépondérant qu'y remplissent la pensée et l'amour, c'est l'effort constant de l'un et de l'autre pour s'éclairer, se purifier, se dégager de toute erreur et de toute souillure, pour s'élever enfin jusqu'aux plus hauts sommets où l'âme humaine puisse atteindre. Aucune autre société n'a été à ce point préoccupée de ses origines divines, plus soucieuse de s'y rattacher par une tradition ininterrompue, de développer en elle les riches semences de pensée et d'amour confiées par Dieu à l'humanité, dès sa naissance, et depuis l'Incarnation du Verbe à son Église, pour les faire germer, grandir, s'épanouir en fleurs et en fruits : on peut dire que c'est là toute son histoire. *Elle traverse les siècles,* uniquement préoccupée d'enrichir son précieux dépôt, *pour s'en retourner avec nous dans l'éternité d'où elle est sortie* [1]. Ainsi s'exprimait, vers le milieu du siècle qui vient de finir, un de ses historiens les plus connus, les plus justement estimés.

Elle les traverse, en s'appuyant sur l'inébranlable fondement de la parole divine fidèlement transmise de génération en génération dans les familles des patriarches, confiée, à partir de

---

[1] Voici intégralement reproduit le passage auquel nous faisons allusion :

« L'Église catholique, dans tout son ensemble, est la société de Dieu avec les anges et les hommes fidèles. De toute éternité elle subsistait en Dieu, ou plutôt était Dieu lui-même, société ineffable de trois personnes dans une même essence. Maintenant elle traverse les siècles, passe sur la terre, pour nous associer à cette unité sainte, universelle et perpétuelle, et s'en retourner avec nous dans l'éternité d'où elle est sortie. En attendant de l'y voir et de l'y admirer un jour, nous redisons ce que nous avons appris de son passage dans le temps. » Rohrbacher, *Histoire universelle de l'Église catholique,* livre I, chapitre 1.

Moïse, au précieux dépôt successivement accru
des livres saints, Ancien et Nouveau Testaments.
Ceux-ci sont l'inépuisable trésor où sa pensée
trouve pour tous les temps, pour tous les besoins,
à l'heure des crises et des luttes les plus redoutables, des ressources et des armes toujours nouvelles. Son amour n'y trouve pas moins des
aliments à sa flamme, des remèdes à ses bles-
sures, et à son désir ardent de la beauté des
satisfactions dont les chefs-d'œuvre de l'art exclusivement humain n'égaleront jamais ni la pureté,
ni les charmes.

Le travail de la pensée provoqué par le christianisme au sein de l'Église, ou à côté de l'Église,
peut être envisagé sous deux aspects principaux,
celui d'une philosophie qui se forme lentement
jusqu'au xiiie siècle, et qui, complétée, pré-
cisée, coordonnée par le génie organisateur de
saint Thomas d'Aquin, n'a point cessé pour cela
de s'accroître jusqu'à nos jours, celui des œuvres
en nombre infini, aux formes et aux cadres infiniment variés, dont le dogme chrétien et la philosophie chrétienne ont été, dix-neuf siècles durant,
le point de départ ou l'occasion. De cette pensée,
des problèmes qu'elle a soulevés, des questions
qu'elle a résolues, des richesses ajoutées par elle
à l'antique patrimoine dont elle n'a répudié que
les erreurs, nous n'avons qu'un mot à dire ici :

c'est que loin de se tenir isolée, parfois dédai-
gneuse sur les hauteurs où n'habitaient guère,
dans leurs *templa serena,* que les philosophes et
les sages, elle est descendue dans la plaine où
travaillent, à la sueur de leur front et portant tout
le poids du jour, les humbles ouvriers. Elle a réa-
lisé ce vœu de quelques grands esprits de l'antiquité d'être à la fois profonde et populaire, d'apporter à l'intelligence des lumières pour dissiper
l'erreur, à la volonté des forces pour tendre plus
sûrement au bien.

Si l'amour avait eu, à certaines heures, avant
le christianisme, une idée bien vague de sa
noblesse, un pressentiment de ses destinées fu-
tures, ce n'avait jamais été qu'un pressentiment.
S'il avait essayé, par la bouche du divin Platon,
de s'expliquer lui-même à lui-même, sans y parvenir que pour ses degrés inférieurs et moyens,
en revanche depuis l'Incarnation du Verbe, don
gratuit d'un amour infini, suivi d'autres dons du
même prix inestimable, il est devenu pour la
grande société spirituelle le principe de sa force,
l'aliment de sa vie; il a joint sa lumière à celle
qui vient directement de la pensée. L'amour, en
effet, n'a pas seulement offert à tous les enfants
de l'Église, sans distinction de rang, de savoir, de
fortune, ce qu'elle nomme, dans son langage, le
sacrement d'amour, le pain de vie, d'un seul mot

l'Eucharistie, il a eu, dans cette même Église, sa philosophie, sa théologie, ses docteurs. Ils se sont succédé sans interruption, depuis l'apôtre saint Jean jusqu'à l'auteur inconnu de l'Imitation, jusqu'à sainte Thérèse, jusqu'à nos jours, enseignant avec la science de l'amour celle de l'âme humaine dans ses replis les plus cachés, celle surtout de s'oublier soi-même, de se renoncer, de se dévouer à ses frères, pour mériter par les œuvres de la charité la plus persévérante le repos et les douceurs de la méditation, les joies plus rares, dans la vie présente, de la contemplation. La *philanthropie,* à la fin du xviiie siècle, la *mutualité,* la *solidarité* trop vieilles pour se dire à bon droit nées d'hier, viendront, dans des circonstances particulières et pour des objets restreints, ajouter leur nom à celui de la charité, elles ne la remplaceront pas. Elles ne font chacune, avec des intentions auxquelles nous rendons bien volontiers hommage, mais dans des limites et avec des règles étroites que la charité ne connaît point, avec de fréquents appels à l'intérêt bien entendu dont elle n'a nul besoin, qu'une très faible partie de ce qu'elle accomplit librement, spontanément, sans se lasser, sans se décourager, avec une bonne grâce qui lui a valu son nom, avec des audaces de dévouement, une foi en la Providence qui effraient les timides, mais qui ne l'ont jamais arrêtée ou fait reculer. Elle ne connaît pas les trop savantes distinctions de races supérieures et de races inférieures, les distinctions effacées de la loi, mais opiniâtrement maintenues par les mœurs, de l'homme de couleur, du nègre et du blanc. Elle ira, avec le Père Damien, il n'a pas été le premier, il ne sera pas le dernier, jusqu'à s'enfermer dans les tristes asiles où l'on confine les lépreux, pour adoucir et consoler leurs longues douleurs, avec la certitude de devenir l'un d'entre eux et de mourir de leur mort.

Elle va tous les jours plus loin encore, elle s'élève plus haut. L'amour, en effet, dont la charité chrétienne est la plus belle, la plus touchante manifestation, dépasse, dans le dogme et la liturgie de l'Église, la terre où s'emprisonnent la pensée et les affections d'un si grand nombre de ses habitants. Plus fort que la mort il ne lui abandonne que le corps dont la possession lui était dès longtemps promise ; il se réserve l'âme, et, afin d'abréger les heures qui la séparent encore de l'heureuse possession de la lumière et de la paix, il multiplie les prières, les supplications, les aumônes, toutes les œuvres naturelles et surnaturelles de la charité. Cette nécessité de la purification par la douleur pour des fautes qui ne méritent point des supplices sans fin, l'antiquité presque

tout entière y avait cru et l'avait acceptée. Platon
avait entrepris, dans le mythe du Phédon [1], d'en
décrire poétiquement le lieu, les degrés, les différentes demeures, Virgile [2] d'en énumérer et
d'en raconter les châtiments. L'un et l'autre, in-
terprètes des traditions universellement répan-
dues, y avaient laissé l'espérance, pour les moins
coupables, d'un terme à leurs souffrances. Il
appartenait à l'Église d'y faire pénétrer l'amour,
d'unir les âmes des vivants à celles des morts par
le lien indissoluble de la fraternité et de la charité chrétiennes.

Hâtons-nous, après ce premier et rapide coup
d'œil sur les deux grandes forces que l'Église
emprunte à l'âme humaine, et l'âme humaine à
Dieu, de passer à l'objet propre de cette Conférence : l'Église et les éléments primitifs de la
pensée, auxquels s'adaptent dans une correspondance parfaite les éléments primitifs de l'amour.
En nous occupant aujourd'hui à peu près exclusivement des premiers n'oublions pas, en effet,
que sans le concours nécessaire, permanent des

---

[1] *Phédon*, ch. 57 à 63.
[2] *Énéide*, livre VI.

seconds, ils seraient condamnés à la stérilité, à une impuissance absolue. Nous aurons aussi plus d'une fois l'occasion de constater que les six éléments primitifs, ordre, unité, grandeur, liberté, vérité, beauté, faciles à distinguer dans leur action propre, quand il s'agit des sociétés humaines, se pénètrent si constamment, si intimement dans la vie intérieure et même dans la vie extérieure de l'Église, qu'il est presque impossib'e de traiter de l'un d'eux en particulier, sans ; ·ϡ les autres interviennent immédiatement et s'imposent à notre attention. L'ordre, le premier de ces éléments que nous avons à considérer va nous en fournir aussitôt la preuve.

Son premier trait dans l'Église, c'est le rapport d'origine, et de constante, de parfaite harmonie qu'elle soutient avec l'Ordre universel considéré dans sa Cause suprême, dans ce qu'il a de plus élevé et d'éternellement fécond, comme le montre clairement la définition que nous avons empruntée à l'un de ses plus récents historiens. Il ne faisait lui-même que paraphraser cette courte, mais expressive sentence de saint Épiphane : *Le commencement de toutes choses c'est la sainte Église catholique*, Ἀρχὴ πάντων ἐστὶν ἡ καθολικὴ καὶ ἅγια Ἐκκλησία [1]. Considérée en elle-même, au point

---

[1] Saint Épiphane, *Contre les hérésies*, l. I, c. 5.

de vue plus restreint des membres qui la composent, des places qu'ils y occupent, des choses qu'ils
y accomplissent, elle se partage en *Église mili-
tante, Église souffrante, Église triomphante.* Je
ne vous ferai pas l'injure de vous rappeler le sens
de ces trois expressions, ni les rapports qu'elles
impliquent entre ces trois grandes divisions d'un
Tout parfaitement un : nous venons d'ailleurs de
vous en dire quelques mots à propos de la charité dont les actes et les effets dépassent les
limites de la Terre. Dans cette question des trois
aspects de l'Église, comme dans celles qui vont la
suivre, je serai presque toujours, à mon vif re-
gret, contraint par l'immensité et la richesse infinie
du sujet, de ne vous donner que des indications
très sommaires. Continuons donc, dans ces conditions peu favorables, à dessiner à grands traits les
principales lignes de l'ordre au sein de l'Église.

Elle a, nul ne l'ignore, sa philosophie et sa
théologie, la première cultivée avec le même soin
et non moins de succès que la seconde : ce n'est
pas, en effet, seulement dans quelques Ordres
religieux, c'est aussi dans la plupart des Grands
Séminaires qu'on consacre deux années entières
à son étude. La philosophie est pour l'ordre naturel, ou de la seule raison, la théologie pour
l'ordre surnaturel, ou de la grâce : deux ordres
dont le second dépasse l'autre sans le contredire,

et qui pénétrant plus avant dans les profondeurs
et les mystères du monde divin, achève d'em-
brasser tout ce que l'intelligence de l'homme,
dans son état présent. peut connaitre ou entrevoir de vérités morales et religieuses. Ce que
des philosophes et des sages éclairés des lumières
de la raison, quelques-uns doués du plus beau
génie et comme divinement inspirés avaient. à
l'époque la plus heureuse de la Grèce[1]. pensé de
juste et de vrai, ce qu'ils ont dit d'excellent,
l'Église, loin de le rejeter, l'a regardé comme
une part de son bien, et lui a fait largement sa
place dans sa philosophie. A partir de l'Incarnation du Verbe, théologiens et philosophes chrétiens unissant, sans jamais les confondre, aux
lumières naturelles de la raison les lumières surnaturelles de la foi, ont constitué cette philosophie qu'on peut nommer justement *philosophia
perennis*, et dont le fond immuable va s'enrichissant, de siècle en siècle, d'acquisitions nouvelles.
Son résumé clair, simple, substantiel forme, dans
tous les diocèses du monde catholique, les pre-

---

[1] Socrate, par l'intermédiaire de Platon, de Xénophon,
de Cicéron; Aristote abondamment et directement; Platon
par des voies moins directes et aussi par saint Augustin,
ont pénétré dans la philosophie chrétienne ou ils ont
laissé une trace ineffaçable.

miers chapitres du catéchisme dont l'action continue, persévérante sur les jeunes générations a
élevé à un si haut degré le niveau intellectuel et
moral des sociétés chrétiennes, niveau qu'il main-
tiendra aussi longtemps qu'au début de la vie il
sera l'enseignement commun des grands et des
petits, des riches et des pauvres, c'est-à-dire une
force sociale d'une valeur incomparable, d'une
utilité que rien ne saurait remplacer.

Cet accord de l'ordre naturel et de l'ordre surnaturel dans la doctrine et l'enseignement de
l'Église où les plus illustres théologiens, saint
Paul, saint Augustin, saint Thomas d'Aquin,
saint Bonaventure, Suarez, Bossuet, ont été
aussi de grands philosophes, met en relief un des
caractères qui lui sont propres, et qu'on retrouve
dans toutes les phases, dans les manifestations
les plus diverses de sa vie. Ce caractère c'est la
mesure, laquelle n'est elle-même : — dans l'univers entier qu'un des aspects de l'ordre universel,
de ce Cosmos où toutes choses ont été créées et
se développent avec poids, nombre et mesure ; —
dans l'âme de l'homme que la volonté ferme et
constante de se conformer à cet ordre providentiel, de mettre en harmonie avec ses lois où
l'excès n'a nulle part, nos sentiments, nos aspirations, nos pensées, nos actions. S'il est une
heure, un état d'âme où l'on aurait droit de dire

que la vraie mesure serait de dépasser la mesure, assurément c'est l'heure et l'état d'âme où la créature profondément reconnaissante envers le Créateur, vivement touchée de l'amour infini et des immolations du Rédempteur, s'efforce de l'en remercier et d'y correspondre par des privations, des souffrances volontaires, par un amour tel que, sans les fermes directions de l'Église, il en arriverait, dans ses sacrifices, celui du bonheur par exemple, aux excès les plus étranges et les plus dangereux. Seule, en effet, l'Église a su, dans ces questions délicates et les discussions parfois très subtiles, très passionnées qu'elles ont provoquées, édicter et imposer la mesure là où il semble que la mesure devrait disparaître. Rappelons seulement, pour ne pas multiplier les exemples, la célèbre controverse soulevée à la fin du XVIIe siècle entre Bossuet et Fénelon, qu'une décision de l'Église termina par un jugement favorable à Bossuet défenseur de la mesure et de la vérité.

De même, dans la question du péché originel et de ses suites, dans celle des bonnes œuvres et de leur mérite, dans celle de la liberté qui a divisé et divise encore les philosophes de toutes les Écoles, qui a donné naissance aux théories les plus diverses, on peut affirmer, sans crainte d'être démenti, que l'enseignement de l'Église

n'a jamais sacrifié aucun des privilèges de
l'homme, aucun des attributs de Dieu, qu'il ne
nous a faits ni plus faibles, ni plus forts que nous
ne sommes, mais maîtres de nos résolutions, et de
les diriger, avec l'appui d'un Dieu juste et bon,
dans le sens du bien tel qu'il nous le fait connaître et qu'il nous aide à l'accomplir. Libre à
ceux qui n'envisagent qu'un seul côté des questions et des choses de voir partout des contra-
dictions, des oppositions irréductibles, de faire
de l'homme un demi-dieu, presque un dieu, ou,
au contraire, l'égal des animaux sans raison, de
la terre l'unique paradis ou le séjour désolé,
inhabitable, du mal sans remède, de la douleur
sans consolation. L'Église, elle, n'a jamais cessé
de condamner ces excès, de lutter contre ces
erreurs, non seulement avec les armes et les
vérités de la révélation, mais avec toutes les
ressources de l'expérience et toutes les lumières
de la raison. Où peut-on voir, bornons-nous à
ces seuls exemples choisis parmi tant d'autres,
mieux que dans saint Paul et saint Augustin pour
la naissance et les premiers temps, dans Jeanne
d'Arc et sainte Thérèse pour une époque plus
rapprochée de nous, le sens exact des réalités de
la vie uni aux plus sublimes spéculations. le bon
sens alternant avec les inspirations du génie ou
les ravissements de l'extase.

C'est encore dans l'Église un trait de l'ordre, et non le moins remarquable, que son édifice spirituel repose tout entier sur le double et iné- branlable fondement de la prière et du sacrifice, de la prière qui, sous ses différentes formes, élève l'âme vers Dieu, du sacrifice qui, par l'of- frande volontaire d'une part des biens que nous avons reçus de lui, témoigne plus ouvertement de notre dépendance et de notre gratitude. La Grèce et Rome, on peut dire l'antiquité tout entière, avaient multiplié dans les temples et sur les autels de leurs dieux les riches offrandes, les victimes sanglantes, hommage inconscient d'une reconnaissance qui ne savait pourtant que la moindre partie du bienfait. Fidèle à ses plus anciennes traditions, aux exemples des pa- triarches, mais mieux instruite dans les mystères de la Sagesse divine, l'Église a remplacé, et tous les jours elle remplace les sacrifices imparfaits de la Loi ancienne par le sacrifice infiniment pur de la victime sans tache, offrande d'un prix infini, mystère insondable, abîme où la pensée se perd, mais où l'amour se retrouve et répond, sans hésiter, aux touchants appels d'un amour qu'il sait véridique et tout-puissant, parce qu'il le sait infini.

Si nous avions autre chose à étudier ici que les rapports de l'Église avec les éléments primitifs

de la pensée, si nous nous proposions de faire à
son égard œuvre d'apologétique, nous ne crain-
drions pas d'affirmer qu'une des preuves de sa
divine institution, ce sont ces mystères mêmes
qu'on lui reproche de mettre à la base de son
enseignement. « Bien loin d'étouffer la pensée, la
grande théologie la conduit sur les cimes les plus
élevées, et la doctrine des mystères lui ouvre les
voies les plus larges. » Ainsi s'exprime M. Paul
Janet[1] au terme d'une Leçon sur les rapports de
la Théologie et de la Philosophie, c'est-à-dire de
l'ordre surnaturel et de l'ordre naturel, où il n'a
pas de peine à montrer quelles clartés ont répan-
dues les trois grands mystères, Trinité, Incarnation, Rédemption, sur les problèmes les plus
ardus, les questions les plus controversées de la
philosophie, et surtout de la Métaphysique. Mais
si le mystère avait besoin de se justifier aux yeux
de la raison, c'est à son action sur les âmes, et par
les âmes sur la société tout entière, qu'il lui
suffirait d'avoir recours. Or, à ce point de vue, les
effets de l'amour, ce premier et ce dernier mot
du mystère de la rédemption, de l'amour sans
cesse ranimé, vivifié par l'eucharistie, sont aussi

---

[1] *Éléments de Métaphysique et de Psychologie*, par
Paul Janet, tome I, page 224. Paris, 1897, Delagrave,
éditeur.

admirables qu'ils sont incontestés et de tous les
instants, tels enfin que rien ne saurait leur être
comparé, non seulement pour la purification et
l'élévation de l'âme, mais pour le soulagement
des misères, des douleurs, des infirmités de
toute sorte sous le fardeau desquelles se courbe,
en gémissant, l'humanité.

Un des mystères, en effet, que M. Paul Janet
aurait pu ranger parmi ceux dont se préoccupe la
philosophie, s'il n'avait résolu de se borner aux
mystères de la métaphysique, c'est le mystère de
la douleur, de la douleur qui semble à elle seule
une protestation permanente contre la Providence
et l'ordre providentiel. Or s'il a gardé son nom
dans la langue et la doctrine de l'Eglise, s'il y a
toujours pour elle un mystère de la douleur, un
ordre de la douleur, des mystères douloureux à
côté des mystères joyeux, il n'est pas moins vrai
que cette douleur y est grandement consolée, et
que ses causes, la place qu'elle occupe dans l'économie du monde et de la rédemption, ses
remèdes, ses suites pour notre bonheur ici-bas et
dans la vie à venir, ont vu s'évanouir leurs plus
redoutables obscurités sous l'influence de ces
mêmes mystères sur lesquels repose la théologie
du christianisme. C'est de leurs profondeurs,
dont quelques-uns feraient volontiers le séjour de
la nuit éternelle et des plus épaisses ténèbres, que

sont sorties les vives lumières dont s'est éclairée
la question qui importe davantage à l'humanité,
et qui n'a cessé de la troubler, de la tourmenter,
dès les premiers jours de son histoire.

Nous avons vu, dans notre dernière Conférence,
combien c'était chose difficile et rare de faire
équitablement leur part, dans les Constitutions
écrites ou non écrites des sociétés politiques, aux
trois éléments essentiels de leur vie, tels qu'ils
sont imposés par la nature des choses et celle de
l'esprit humain : démocratie, c'est-à-dire nombre
et multitude, aristocratie, c'est-à-dire supériorité réelle ou présumée de l'intelligence, de la
vertu et d'autres biens inférieurs, monarchie,
c'est-à-dire unité. Rien de tel pour l'Église. Sa
Constitution, en effet, les unit dans une harmonie
et de justes proportions qu'on chercherait vaine-
ment ailleurs ; et à cet accord parfait, à cette
pénétration mutuelle elle ajoute un caractère qui
lui est propre, la durée. La démocratie y est représentée, en dehors même des laïques et de
leur concours de plus en plus utile et réclamé
au siècle présent, par les simples prêtres, vicaires,
curés, doyens, archiprêtres ; l'aristocratie par les
évêques, les archevêques, les abbés mitrés, les
chefs d'ordres, les cardinaux ; la monarchie par
le souverain pontife. Mais un caractère vraiment
admirable de cette hiérarchie déjà si belle dans

cet aspect extérieur, c'est que ses rangs bien séparés, sagement subordonnés, distincts d'une distinction absolue sur tous les autres points, se confondent pourtant en un seul, mais ce seul point n'est rien moins que la plus haute; la plus sublime fonction du sacerdoce. A l'heure du sacrifice, et cette heure revient tous les jours, le plus humble prêtre du plus modeste hameau devient l'égal de son évêque, l'égal du chef suprême de la hiérarchie, et leur pouvoir, à cet instant solennel, n'est pas plus grand que le sien. Une fois tous les jours, dans l'acte le plus profondément religieux, le plus mystérieux de la vie sacerdotale, les distances s'effacent, et le lien de la fraternité se resserre entre tous les membres et tous les rangs de la hiérarchie, si éloignés qu'ils soient les uns des autres. Ce grand corps semble alors n'avoir plus qu'une âme où la vie divine se ranime et reprend de nouvelles forces pour le travail et le combat.

C'est ce même lien de fraternité qui unit au clergé dit séculier le clergé régulier, son utile et infatigable auxiliaire. Ce que l'un absorbé par les soins et les soucis du ministère paroissial n'a pas le loisir d'entreprendre ou ne saurait achever, l'autre en prend la charge. Très divers dans ses formes qu'il accommode à la diversité des besoins et des temps, on l'a vu, presque à la naissance de

l'Église, dans les déserts de la Thébaïde, amant
passionné de la prière, du jeûne, de la contemplation ; dans les grandes villes de l'Orient, adver-
saire redoutable des premières hérésies. Un peu
plus tard, avec saint Basile en Orient, avec saint
Benoît en Occident, il s'est groupé en familles
nombreuses sous une règle qui s'est perpétuée,
et se conserve encore dans un nombre infini de
monastères où le travail des mains alterne avec
la prière et l'étude, et se complète par l'apostolat.
On sait l'œuvre immense et souverainement bienfaisante qui a fait sa gloire au Moyen Age, œuvre
qui fortifiée par de nouveaux concours au XIIIe,
au XVIe, au XVIIe, au XIXe siècles se continue de
nos jours, et va se développant dans les régions
les plus lointaines ou les plus sauvages. Tour à
tour défricheurs, savants, bâtisseurs, érudits,
philosophes, agriculteurs, professeurs, infirmiers,
en Europe, en Algérie, en Australie, en Amérique, dans les îles lointaines et jusqu'en Chine,
partout prédicateurs de la Bonne nouvelle, les
moines n'ont jamais, dans les emplois les plus
divers de l'activité humaine, failli à leur mission
civilisatrice. Aujourd'hui encore on les voit plus
nombreux, plus ardents que jamais, à l'avant-
garde et aux postes les plus périlleux où ils sau-
vent, par leur charité, leur dévouement, leurs
morts prématurées, combien de fois par leur mar-

tyre, l'honneur d'une civilisation qui, oublieuse
du progrès moral et de tant de belles promesses,
est trop souvent représentée, surtout dans l'Ex-
trême-Orient, par toute autre chose que par du
désintéressement et des vertus.

Comment cet ordre extérieur de l'Église est
soutenu, dans une correspondance intime et de
tous les instants, par un ordre intérieur et purement spirituel, la place que tiennent dans celui-ci
les précieux héritages intégralement transmis
d'un long et fertile passé, les Saintes Écritures, les
Lettres divines et humaines, la philosophie, l'histoire, un commerce assidu avec les plus beaux
génies que Dieu ait créés pour sa gloire, et pour
nous éclairer ; par-dessus tout la prière, la méditation à ses divers degrés, la contemplation pour
les plus dégagés des choses de la terre, c'est de
quoi vous êtes au moins sommairement instruits,
en attendant une étude plus complète à laquelle
vous ne manquerez pas sans doute de vous livrer,
en temps opportun. J'ai hâte de passer au second
élément primitif, l'unité, non sans avoir répondu
à une objection que vous m'adressez, je le devine,
intérieurement [1].

---

[1] On pourrait faire rentrer dans cette inépuisable question de l'ordre dans l'Église la surprenante facilité avec.

Voilà, en effet, dites-vous, sous quelques-uns
de ses aspects, — il s'en faut que nous les ayons
tous parcourus, — un ordre général de l'Église,
fort beau, bien suivi, très imposant dans l'ensemble, nous en sommes d'accord avec vous; mais
que d'imperfections dans les détails, que d'écarts,
de désordres longuement énumérés, sévèrement
reprochés à l'Église par ses adversaires, reconnus,
déplorés par ses plus fidèles amis ! — Oui, par
ses amis, et c'est même à eux qu'il convient
d'avoir recours, si l'on veut en obtenir non point
le tableau chargé à l'excès des couleurs les plus
sombres, mais le résumé fidèle joint aux aveux
les plus sincères. Nul n'a jamais mieux parlé,
avec plus de sincérité et de mesure, des maux
de l'Église, des scandales qui s'y sont produits,
des réformes réclamées avec une insistance croissante par les plus saints personnages, que Bossuet, au premier chapitre de l'*Histoire des Varia-
tions*. Il y est revenu, en d'autres occasions, dans
les termes les plus énergiques : je me borne à
vous indiquer, au *Traité de la Concupiscence*, le
chapitre xvi presque tout entier. Société spiri-

_____

laquelle elle s'adapte, l'histoire le prouve, à toutes les
formes de gouvernements auxquels, en échange des services qu'elle leur rend, elle ne demande que la paix et
la liberté.

tuelle sans doute que celle de l'Église, mais
société où les hommes qui la composent ont ap-
porté leur nature tout entière, avec ses qualités
et ses défauts, sa tendance à dégénérer, sa pente
à descendre, en un mot avec les germes de tous
les vices et de toutes les vertus, ajoutons les défauts, les erreurs, les préjugés, quelquefois la
barbarie de leur temps. Malgré les secours qu'ils
reçoivent d'elle, et le puissant appui qu'elle leur
prête, pour lutter contre le mal et pour en triompher, comme leur liberté reste entière, un trop
grand nombre en abusent et succombent. Puis ils
se relèvent pour tomber et se relever encore,
sans qu'aucun d'eux soit jusqu'au dernier instant,
et contrairement à la doctrine d'une prédestina-
tion pour toujours soustraite au péché, sûr de
lui-même et à l'abri du danger : les plus grands,
les plus élevés en dignité et en honneurs demeurent aussi fragiles que les autres, peut-être même
plus exposés qu'eux aux tentations de l'orgueil
et aux chutes qui en sont la suite.

Mais si l'histoire de l'Église nous offre des pé-
riodes sombres auxquelles pourtant n'ont jamais
manqué ni les grandes vertus, ni les saints, combien ses renaissances sont plus belles que celles
dont les sociétés politiques, jusqu'au jour où leur
vitalité épuisée ne suffit plus à ces laborieuses
restaurations, nous offrent de trop rares exemples.

Il ne semble pas que celle de l'Église ait subi la
moindre diminution après tant de renouveaux
dont son histoire est remplie. Rien de comparable
dans celle des nations les plus favorisées à la
renaissance catholique qui, commencée dès le
milieu du xvie siècle par la réforme courageuse,
persévérante des mœurs et de la discipline[1], se
continue par la création d'Ordres nouveaux, par
l'élan inouï de l'apostolat et ses succès dans les
missions lointaines, pour aboutir, dans l'éclat
renouvelé de l'art chrétien, des Lettres chrétiennes, éloquence, philosophie, poésie, à ce grand
xviie siècle qu'il suffit de nommer pour rappeler
l'alliance étroite, dans les plus beaux et les plus
puissants génies, des dons de la nature et de la
grâce. Qui aurait pu deviner, après les mortelles
langueurs du xviiie siècle, le réveil soudain des
premières années du xixe, où l'Église rentre en
scène d'abord secourue par les pouvoirs de la
terre, puis abandonnée par eux, affligée, persé-
cutée, avec les signes éclatants d'une vitalité que
n'épuisent ni le temps, ni les revers, ni la prospérité, ni tous les efforts de ses ennemis? Qui
s'attendait, en France, aux magnifiques pro-

---

1 Érasme, cité par Michelet dans son *Précis élémentaire
d'Histoire moderne,* estime que rien n'obligeait à brûler
la maison, quand il suffisait d'en nettoyer les ordures.

messes signées des noms de Châteaubriand, de
Joseph de Maistre, du vicomte de Bonald, de
Lamennais lui-même, dans le premier volume
de l'*Essai sur l'Indifférence*, promesses aussi noblement que fidèlement acquittées jusqu'aux derniers jours du siècle par leurs successeurs ; —
en Angleterre à l'étonnante conversion de Faber,
de Manning, de Newmann, à la création de tant
d'églises nouvelles dans toutes les contrées,
l'Australie comprise, où la langue anglaise est
parlée ? Qui aurait cru que l'Église d'Allemagne
dont on publiait l'irrémédiable décadence, sinon
la fin prochaine, écrirait aux dernières années du
XIXe siècle une des plus belles pages de l'Histoire de l'Église universelle ? Qui s'attendait à
tant d'œuvres d'apostolat, de science, de charité,
écloses sur tous les points du monde catholique,
sous les pontificats aussi éprouvés que féconds de
Pie IX et de *Léon XIII* ?

Il semble qu'après le Sermon de Bossuet le jour
où s'ouvrit, en novembre 1681, l'Assemblée géné-
rale du Clergé de France, tout soit dit sur l'*unité*
de l'Église, et qu'on n'y puisse rien ajouter. Peut-
être, en effet, en est-il ainsi ; et pourtant certains
passages de ce discours justement célèbre don-

nent lieu à des réflexions qui trouveraient ici
leur place : nous n'en indiquerons qu'une seule.
On ne remarque pas assez, en effet, le touchant,
le très pressant appel que l'orateur, sur le point
de conclure, adresse aux âmes simples, inno-
centes, détachées du monde, *qui s'ignorent elles-
mêmes dans leur profonde humilité, mais que Dieu
connaît*, et l'espoir qu'il place en leurs prières, la
confiance qu'elles lui inspirent pour l'heureuse
issue des délibérations et la conclusion d'une paix
solide. Voilà donc, dans cette auguste assemblée,
des évêques, des archevêques, des cardinaux, de
savants théologiens, des représentants du pouvoir
royal, tout ce que la France et l'Église de France
renferment de plus illustre ; mais voilà aussi,
dans la même enceinte, ou en dehors d'elle, les
petits et les humbles, tous membres de la même
famille, malgré l'extrême diversité des fonctions
et des rangs. Or, il semble que, dans la pensée
de Bossuet ces petits, aux yeux du monde, soient,
aux yeux de Dieu, les plus grands, que leur place
ne soit pas la dernière dans cette belle unité de
l'Église, d'autant plus parfaite qu'elle est plus
riche non seulement en gloire, en savoir, en services éclatants, mais en vertus modestes, cachées,
oubliées de la plupart des hommes, à l'heure
même où elles vont, plus que tout le reste, con-
tribuer à les établir dans une durable harmonie.

Non moins riche, mais d'une autre manière, l'unité qui résulte de la foi aux vérités capitales, essentielles au salut : celle-là engendre l'universalité. D'un bout de la terre à l'autre, en effet, sous tous les régimes politiques et sous tous les climats, les enfants de l'Église se reconnaissent entre eux par la communion aux mêmes vérités religieuses, on pourrait ajouter aux mêmes vérités philosophiques. Cette unité, jointe à cette universalité comme la cause à l'effet, est tellement un des caractères de l'Église qu'elle lui doit son nom d'Église catholique, c'est-à-dire universelle, alors qu'aucune autre communion chrétienne ne saurait légitimement se l'attribuer.

En dehors d'elle les Confessions de foi ont été, surtout à partir du xvi⁰ siècle, se diversifiant, se multipliant, se contredisant, au point que les historiens les plus soucieux d'exactitude se déclarent incapables d'en dresser, sans aucune omission, la liste complète, d'en présenter, sans lacune ou sans erreur, l'analyse fidèle. Les Églises nationales séparées de l'Église catholique peuvent bien dominer, — rarement toutefois sans quelque partage en faveur d'une minorité dissidente, — sur des territoires très étendus ; l'Église anglicane a même caressé, durant ces dernières années, le rêve flatteur d'une vaste Église anglo-saxonne, cette Église ne sera

jamais que l'Église d'une nation ou d'une race :
elle ne saurait être l'Église de toute race et de
toute nation, l'Église une et universelle. Celle-ci,
nous l'avons dit, et personne ne l'ignore, compte
des fidèles dans toutes les régions de la terre :
voilà pour la richesse en quelque sorte extérieure
de son unité. Sa richesse intérieure, en dehors
même de celle dont le Sermon de Bossuet a ré-
veillé le souvenir, n'est pas moins grande, si l'on
veut bien ne pas oublier que les vérités nécessaires *in necessariis unitas* [1] résumées dans son
Symbole sont accompagnées d'un nombre considérable de vérités secondaires, *in dubiis libertas*,
et que les unes et les autres ouvrent, sous le
contrôle de l'Église, le champ le plus vaste et des
perspectives infinies aux méditations des théologiens et des philosophes, à la contemplation des
âmes éprises de la vérité et de la beauté. L'histoire d'ailleurs nous dit bien ce que de grandes
nations, de vastes Empires ont perdu à se séparer
de cette unité et de cette universalité dont les fondements inébranlables, la pensée et l'amour, sont
aussi les deux grandes forces sociales aussi bienfaisantes que puissantes ; elle ne dit pas que la

---

[1] In necessariis unitas, in dubiis libertas, in omnibus
caritas. Saint Augustin parlant de la vérité.

paix et la fraternité s'en soient accrues entre les peuples chrétiens, que la marche de la civilisation en ait été plus rapide et plus sûre, les instincts égoïstes plus aisément comprimés, l'amour excessif des biens terrestres, avec les rivalités, les guerres, les séditions qui en sont la suite, affaibli dans les cœurs, la politique exclusive des intérêts abandonnée, rejetée par ceux qui gouvernent la terre. Elle ne le dit pas, parce qu'elle dirait le contraire de la vérité.

Ce serait perdre son temps que d'insister davantage sur les caractères de l'unité dans l'Église. Elle y est partout avec une force de concentration et une largeur de développement qui semblent se contredire, et dont la conciliation est pourtant toute son histoire. Elle s'y montre dans l'unité de son dogme et la richesse inépuisable de sa théologie; dans l'unité de son esprit et la diversité des grands esprits qui font son honneur et sa gloire, même aux yeux du monde, philosophes, théologiens, polémistes, historiens, dogmatiques, mystiques, orateurs de génie captivant les auditoires les plus exigeants, les plus cultivés, orateurs populaires entraînant les foules; surtout dans ses saints dont pas un ne ressemble à l'autre, et dont l'esprit marqué en chacun d'eux de ses caractères propres n'est pourtant qu'un mince filet dérivé de l'esprit de l'Église, dans lequel il se perd, comme un ruisseau dans l'Océan. Cette unité, dont l'unité de la naturs divine parfaitement une et infiniment riche nous offre l'Exemplaire éternel, nous conduit tout naturellement à dire un mot de la grandeur qu'on n'en saurait séparer.

Pourvus d'instruments plus parfaits, aidés surtout de la photographie, les successeurs de Ptolémée, de Copernic, de Képler, ont beau sonder les espaces célestes et y découvrir des mondes nouveaux s'ajoutant sans fin aux mondes déjà connus, à la grandeur dont ils témoignent, une double imperfection demeure à jamais attachée : elle n'a pas conscience d'elle-même, elle est purement matérielle. Autrement grande la grandeur des lois universelles auxquelles obéissent dans leurs révolutions les plus longues et les plus compliquées les astres les plus proches de la terre et les plus éloignés d'elle : grandeur de puissance, mais surtout grandeur de conscience et de pensée, l'éternelle géométrie ne se concevant pas sans un éternel géomètre. Et toutefois plus grande encore la grandeur infinie, parfaite, de pensée, d'amour, de liberté, de beauté, de bonté, dont l'éternelle géométrie n'est qu'un aspect enveloppé, lui aussi, malgré tant de lumières qui en découlent, d'un impénétrable mystère. Ce mystère de l'Infini, du Parfait, l'homme, créature faible et bornée dans tout le reste, en porte au fond de son âme, sous le nom de raison, la marque ineffaçable. C'est par la raison, par la pensée qu'il est fort, qu'il est grand et qu'il mesure toutes les grandeurs, chacune d'elles, quand il leur applique cette règle avec justesse, prenant à ses yeux, surtout dans le monde intellectuel et moral, le rang auquel elle a droit.

Et pourtant il est une grandeur que réduite à ses seules forces la raison n'aurait pas découverte, dont elle n'a jamais eu, avant les abaissements de l'Incarnation et le supplice du Calvaire, même dans la pensée de ses méditatifs les plus profonds, que l'idée confuse et le vague pressentiment. Platon a bien pu, nous le rappelions tout à l'heure, entrevoir que l'univers doit son existence et sa belle ordonnance à la bonté d'un Être suprême. Le même philosophe a tracé du Juste persécuté, torturé, mis à mort, un tableau d'un effroi saisissant [1]. Un autre a pu dire que s'il est un spectacle digne des regards du ciel, c'est celui de

---

[1] Platon, *De la République,* livre II.

l'homme de bien aux prises avec l'adversité. Seul
le Christ a fait, par son exemple, de la souffrance
physique, de la douleur de l'âme poussée jusqu'à
la dernière limite, celle de l'abandon des siens, le
prix auquel s'achète, le signe auquel se reconnaît
la suprême grandeur, et, pour son Église, de la
persécution sous toutes les formes, sous tous les
noms, dans tous les pays et dans tous les siècles,
de l'épreuve du dedans s'ajoutant à celle du
dehors, le signe incommunicable d'une grandeur
qui couronne toutes celles qu'on découvre en
elle.

Les vouloir énumérer serait s'exposer à d'inu-
tiles répétitions, les éléments primitifs de la
pensée se pénétrant dans la vie de l'Église,
comme nous avons pris soin de l'annoncer au
début, plus constamment et plus intimement que
dans les sociétés politiques : bornons nous donc à
en rappeler quelques-unes. D'abord grandeur
d'origine, l'Église ayant ses racines et son point
de départ dans le sein même de Dieu [1] ; grandeur
aussi de fin, puisqu'elle conduit à Dieu et au vrai
bonheur les âmes qu'elle a mission d'éclairer et
de former ; grandeur d'unité et d'universalité,
nous venons de le voir ; grandeur de continuité et

---

[1] Voir plus haut le texte cité de l'abbé Rohrbacher.

de perpétuité, l'histoire n'ayant pu découvrir, dans sa marche à travers les siècles, sous l'ancienne et la nouvelle loi, des premiers patriarches à Léon XIII, aucun recul, aucun retour en arrière, aucune solution de continuité ; grandeur de mesure et d'harmonie, l'ordre surnaturel, dans la vie et l'enseignement de l'Église s'adaptant sans effort, sur tous les points, à l'ordre naturel qu'il dépasse sans le contredire, et l'un et l'autre à toutes les formes possibles de l'ordre civil et politique ; grandeur de pensée, le concours des deux ordres, naturel et surnaturel, les rapports des vérités de tout ordre entre elles, celui des vérités accessibles à la raison avec les mystères, ayant ouvert aux meditations des théologiens et des philosophes des espaces en quelque sorte infinis ; grandeur d'amour, l'Église enseignant dans sa doctrine, démontrant par les effets de ses sacrements, par les vertus si diverses de ses saints, par le nombre toujours croissant de ses œuvres de charité, de don de soi-même et d'apostolat, que dans l'amour de Dieu seulement, et dans les dévouements qu'il inspire, l'excès est dans l'ordre, et la mesure autorise à dépasser la mesure.

A plus forte raison ne nommerons-nous que pour mémoire ces grandeurs du dehors dont l'histoire témoigne, et que nous pouvons encore, à l'heure présente, constater et admirer de nos

D

yeux : le bel ordre, l'ordre imposant d'une hiérarchie où la diversité des fonctions concourt à
l'unité de la fin dernière, où la distinction des
rangs, du plus humble au plus élevé, s'allie
avec la dignité du sacerdoce commune à tous les
rangs. Passons même sous silence ces grandes
assemblées des Conciles universels, nationaux,
provinciaux, dont la civilisation n'a pas moins
profité que l'Église, ces Écoles, ces Universités
fondées par les évêques et les papes, ces monu-
ments, cathédrales, églises, abbayes, édifiées sur
tous les points du monde catholique. Toutes ces
grandeurs, tant d'autres dont la liste serait infinie, s'imposent à notre admiration et à notre
reconnaissance. Elles le cèdent pourtant aux
grandeurs d'ordre purement spirituel, mais
surtout à celle que notre faible regard ne peut
que deviner, et dont Dieu s'est réservé le spectacle, il faut bien parler de Lui en langage humain, le seul dont nous disposons. Ce spectacle
dont la scène n'est rien moins cette fois que l'âme
même de l'Église distincte de son corps, c'est
celui du travail des âmes en mal de l'Infini, du
Parfait, depuis la grande révélation de l'amour :
travail incessant, douloureux, fécond, mêlé
d'amertume et de joie, où le repos n'est que passager, où les revers succèdent aux victoires, et
les triomphes aux revers, mais auquel nous

devons ce qu'il y a de meilleur, de plus pur et de plus grand, dans nos mœurs, dans nos lois, dans la civilisation qu'on a longtemps et justement appelée la civilisation chrétienne.

Assurément ce n'est point là cette grandeur des dominations et des Empires de la terre dont nous vous parlions récemment. Mais si grands qu'ils aient été dans le passé, ou que leurs successeurs le soient aujourd'hui en Europe ou en Amérique, la grandeur de l'Église dont les racines ne sont pas comme les leurs dans le temps, ni la force dans les·pensées changeantes et le vouloir tour à tour bon et mauvais des hommes, cette grandeur avant tout spirituelle leur a survécu et leur survivra.

On peut et on doit affirmer de Dieu qu'il est la Science et qu'il est la Pensée, pourvu qu'on donne à ces deux termes le sens le plus absolu, et qu'on ait grand soin de n'y ajouter aucun qualificatif qui le restreigne. Mais il y a mieux encore, car le fondateur de l'Église a dit parlant de lui-même : *Je suis la Voie, la Vérité et la Vie.* Ces trois mots dans le sens propre à chacun d'eux, et aussi dans leur étroite union, résument tout ce que nous avons à dire ici de la Vérité et qui pour-

rait être infini: nous nous bornerons à des indications sommaires.

Je suis la Vérité ; donc toute vérité est en moi;
il n'est pas de vérité qui puisse contredire mon
enseignement, l'enseignement de l'Église, qui
ne s'accorde avec ma vérite. Et de fait, il n'en
est pas une, qu'elle appartienne à l'ordre physique ou à l'ordre moral, qui, une fois solidement
établie, rigoureusement démontrée, clairement
énoncée, n'ait pu s'harmoniser, je ne dis pas avec
les sentiments particuliers, passagers de quelques
théologiens sur un point secondaire, mais avec
les vérités, elles ne sont pas tellement nombreuses, que l'Église proclame nécessaires et immuables. Je suis la Vérité, la vérité, sous ses deux
formes principales, — la première mesurée à la
force. à la portée présente de notre regard, celle
des vérités inférieures dont les sciences de plus
en plus nombreuses ne cessent d'enrichir le trésor
et de multiplier les applications, vérités nettement
perçues sous leur aspect extérieur, insondables
dans leur fond, c'est-à-dire dans les questions
d'origine, de fin, de substance, d'espace, de
temps, qu'elles soulèvent, et qui se terminent
toujours à la question suprême de l'Infini et du
Parfait, — en second lieu celle des mystères mêmes que renferment ces deux Noms, et que notre
œil est trop faible pour sonder. Ceux que nous

propose la doctrine de l'Église ne donnent pas
seulement à la pensée, à côté d'ombres impéné-
trables, des clartés qui s'ajoutent à ses clartés
naturelles, parfois des traits de lumière qui la
ravissent, en lui découvrant par delà ses horizons
bornés des horizons sans limites, des splendeurs
inattendues. Ils possèdent de plus le privilège,
par leur méditation assidue, de fortifier l'âme et
de l'élever. de la soutenir dans ses épreuves, de
la ranimer dans ses défaillances, de la consoler.
de développer en elle, bien au delà des tendances
et des impulsions de la seule nature, on pourrait
presque dire jusqu'à l'infini, l'amour de Dieu et
celui des hommes nos frères.

Je suis la Vérité et la Vie, c'est-à-dire je ne suis
point le Dieu des Alexandrins réduit de simplification en simplification, d'épuration en épuration, au piteux état de pur Innomable ; ni le Dieu
des panthéistes impuissant à créer, impuissant à
se connaître, incapable de vouloir librement ; ni
le Dieu des déistes étranger à l'humanité ; ni le
Dieu qui parti de rien se fait peu à peu Dieu,
deviendra tôt ou tard Dieu complet dans la conscience d'êtres plus parfaits que nous ne sommes
présentement, grâce au travail ininterrompu d'un
nombre incalculable de siècles ; ni le Dieu simple
postulat d'un Système philosophique fort com-
pliqué, souvent obscur, mais où l'on voit pourtant

assez clairement que le moi tient plus de place
que Celui sans lequel le moi ne serait pas. Je suis
le Dieu vivant d'une vie qui n'a point commencé,
où toute vie, qu'elle soit d'esprit ou de matière,
d'âme ou de corps, a pris sa source, sa nature propre, et le principe de tout son développement. Ce
Dieu, — pour nous en tenir à l'âme de l'homme,
et, dans l'âme de l'homme, à la pensée, — lui
donne, avec les éléments primitifs issus de sa propre pensée, tout ce qu'il faut pour découvrir non
seulement les vérités qu'aidé de l'expérience il
applique à la recherche très légitime du bien-être
et du bonheur, mais encore les vérités supérieures qui, méditées et contemplées, lui font dès ici-
bas goûter quelque chose des joies et du bonheur d'une vie aussi semblable à la vie de Dieu
que le comporte notre nature finie. *Dies antiquos
cogitavi, et annos æternos in mente habui.*

Je suis la Voie et la Vérité. Chercher sa vie,
suivre sa voie, s'écarter de sa voie, trouver ou
retrouver sa voie : ces expressions, plusieurs
autres du même genre font voir à quel point les
hommes sont préoccupés de découvrir la voie qui
conduit au bonheur par la vérité. On fait grand
cas, avec juste raison, du prudent conseiller, qui
nous indique et nous trace la voie, qui nous remet
dans la bonne voie ; mais qui d'entre les hommes,
si grand, si intelligent, si sage qu'il fût, a jamais

osé dire : C'est moi qu'il faut suivre, car je suis la
Voie. Seul le Christ avait droit de le faire, et il
l'a fait ; à sa suite l'Église en son nom, avec sa
promesse, sous son autorité suprême. Quelles
ont été les suites de cette parole pour la direction
et le perfectionnement de la vie morale de
l'homme, pour le bon état et le vrai progrès des
sociétés, l'histoire le fait assez connaître, surtout
celle de la civilisation chrétienne. Ce que les
mœurs publiques et privées, les caractères, les
sentiments, les pensées des hommes, en même
temps les institutions et les lois ont gagné à unir
aux espérances si souvent déçues, aux fragiles
bonheurs de la vie présente, les solides espérances d'un bonheur sans trouble et sans fin, toutes
les certitudes de la vie à venir au point de vue de
la peine et de la récompense ; ce qu'ont ajouté de
force persuasive aux conseils de quelques sages
trop souvent contredits par des conseils qui s'y
opposaient de point en point, les *commandements*
absolus et les *conseils* paternels de Celui qui a dit :
Je suis la Voie, la Vérité et la Vie, toutes ces
choses vous les connaissez aussi bien que moi, et
je ne pourrais que me répéter une fois de plus,
en y insistant.

Permettez-moi cependant de déplorer devant
vous et avec vous l'erreur de ceux de nos contemporains, hommes politiques, écrivains de plus ou

moins de solide savoir et de talent, qui attribuent
à la raison seule dont ils n'ont pas assez bien
étudié la nature et les opérations, dont ils s'exa-
gèrent le pouvoir et oublient les longues éclipses.
ce qui, dans l'état présent de nos sociétés,
est surtout l'effet de l'atmosphère morale au
sein de laquelle nous vivons. de l'air encore tout
saturé de christianisme que respirent également
croyants et incroyants. Que si l'on parvenait, entreprise que nous croyons impossible, à en faire
disparaître jusqu'aux dernières traces, on ne tar-
derait pas à voir la raison vaincue dans sa lutte
éternelle contre l'égoïsme et les passions, et de
nouveaux, de pires barbares munis de toutes les
armes. en proie à tous les vices d'une civilisation
purement matérielle, remplacer ceux que le christianisme a mis des siècles à transformer.

L'esprit de l'homme, quoi qu'aient pu dire certains philosophes de notre âge, n'est pas fait pour
le pénible et stérile travail de chercher en métaphysique, en théodicée, en morale, la vérité que
les générations se succéderaient sans pouvoir se
la transmettre, si bien que la philosophie ne
serait autre chose que la recherche incessante
d'une vérité qui se dérobe, et le philosophe,
l'homme qui passe sa vie à la poursuivre, sans
pouvoir l'atteindre, et l'eût-il conquise, sans pouvoir transmettre à ses successeurs les fruits d'un

travail toujours à recommencer. Il en est, grâce
à Dieu, tout autrement. Sans doute nous ne re-
nonçons pas, loin de là, à chercher et à découvrir dans l'inépuisable sein de la Nature, dans
les rapports de la matière et de l'esprit, les lois,
les vérités qui nous échappent encore, ou à faire
briller d'un plus vif éclat celles que nous possédons; mais il est, dans l'ordre du savoir humain
et dans celui de la révélation, des vérités dont
nous sommes assurés que nous ne les perdrons
plus, et que nous pouvons les contempler à
loisir, jouir d'elles comme du plus grand des
biens d'ici-bas[1] en toute sécurité. En quoi notre
liberté pourrait en souffrir, en être diminuée,
nous avouons ne pas le comprendre : nous aper-
cevons au contraire aisément à quel point elle
en est accrue et fortifiée.

La liberté, en effet, ne craignons pas de le
répéter une fois encore, n'est point la force
aveugle, capricieuse, que quelques-uns se repré-
sentent; c'est une force au service de la raison,

---

[1] Quod regnum potest esse præstantius quam despi-
cientem omnia humana et inferiora sapientia ducentem,
nihil unquam nisi sempiternum et divinum animo volu-
tare. Cicéron, *De republica*, I, 15.

servie et soutenue par la raison de' nos semblables, de tous ceux qui ont pensé, cherché, trouvé
avant nous ; telle, en un mot, que si elle refuse
de s'y soumettre, pour obéir aux excitations des
sens, aux entraînements de la passion, au fol
orgueil du moi, alors, au lieu de tendre, comme
elle le devrait, au vrai et au bien, elle nous livre
aux pires erreurs et aux pires excès. Aussi, dans
cette Conférence, comme dans la Conférence pré-
cédente, nous nous gardons de séparer, nous
unissons, au contraire, ces deux éléments primitifs de la pensée, la vérité et la liberté.

Si nous ne craignions pas de forcer et de faus-
ser le sens des mots, ce qui n'est que trop facile,
quand on compare à un Acte éternel un acte passager, nous dirions que pour bien comprendre la
nature de la liberté dans l'homme, il est fort
utile d'entendre, ou tout au moins d'entrevoir ce
qu'est la liberté en Dieu. Or, sans prétendre, loin
de nous cette pensée, sonder jusqu'au fond l'insondable mystère de l'Infini, du moins pouvons-
nous affirmer que si en Dieu la liberté est parfaite, c'est qu'elle est inséparable de sa Science
parfaite, de sa Pensée parfaite, en un mot, et,
pour ne pas paraître établir un rapport de cause
à effet, là où la cause est tout entière dans chaque
terme, Dieu est la Liberté, comme il est la
Pensée, la Science, d'un seul mot la Vérité.

Ajoutons qu'il s'aime éternellement dans cette Liberté et dans cette Vérité, comme dans ses autres attributs, que de plus il serait absurde de vouloir accorder à l'un d'eux une priorité de rang ou de commencement là où tout est égal et éternel.

Dans l'acte de l'homme, au contraire, une loi fondée sur les faits les plus faciles à constater, nous l'avons vu dans notre première Conférence, c'est qu'à partir d'un commencement toujours faible le progrès s'accomplit d'une allure mesurée, et les facultés de l'âme vont se développant, les éléments primitifs de la pensée s'éveillant au contact des éléments acquis, les uns à la suite des autres. Un peu de vérité est la première ouverture à la liberté ; celle-ci s'accroît ensuite dans la proportion où la vérité grandit en nous, et non seulement la vérité, mais l'amour de la vérité, et le bon vouloir qui est en germe dans leur étroite union. Parvenus à ce point nous découvrons une fois de plus le principe de nos défaillances et de nos chutes, puisque ce germe du bon vouloir il dépend de nous et de notre liberté de l'étouffer, de l'atrophier, ou de le laisser s'épanouir au soleil, et grandir sous la rosée du ciel. Donc, possession de la vérité, d'une certaine somme de vérité, amour de la vérité, bon vouloir, trois termes dont l'union, plus elle est en nous intime et durable, plus elle communique de force à notre liberté, plus celle-ci se donne à elle-même de champ et d'élan.

. Vous comprenez dès lors qu'en nous attachant à la doctrine de l'Église nous ayons la prétention bien justifiée, non seulement de garder notre liberté tout entière, mais encore d'étendre à l'infini le champ de son action. Nous lui donnons, en effet, pour appui dans l'ordre naturel, toutes les vérités de cette philosophie que les plus beaux génies de l'antiquité et de l'âge moderne ont établie sur les plus solides fondements ; dans l'ordre surnaturel les vérités révélées, telles qu'elles sont définies, enseignées par une autorité infaillible. Que la foi soit ici nécessaire, nous le reconnaissons, et nous ne confondons pas avec les vérités qu'elle nous propose, celles que nous devons à l'exercice de la seule raison. Mais si allant plus loin on objecte que, dans les recherches des vérités de l'ordre naturel, chacun de nous n'a besoin que de lui-même ; que notre pensée est seulement libre d'une liberté complète, véritable. quand elle naît et se développe tout entière, exclusivement dans notre esprit, c'est ce que nous ne saurions admettre. parce que rien n'est plus contraire à la nature de l'entendement humain, rien n'est plus constamment démenti par les faits.

Si nous avions du temps à perdre au terme de cette Conférence déjà si longue, je pourrais non pas vous démontrer, l'évidence ne se démontre pas, mais vous rappeler à quel point l'esprit de l'homme, faible et borné quand il s'isole et ne compte que sur lui-même, peut devenir fort et puissant quand il s'associe à d'autres esprits ; que les sciences, au point de perfection où elles sont parvenues, ne sont que le travail accumulé et ordonné de nombreuses générations ; que si les premiers hommes avaient été des libres-penseurs au sens qu'on donne présentement à ce mot, chacun d'eux s'enfermant dans sa pensée, c'est-à-dire impuissant à penser, l'humanité n'aurait pas avancé d'un pas, et la civilisation serait encore à naître : venons à des faits, présents, décisifs. Qui oserait prétendre, pour nous borner à la science maîtresse, que les philosophes français nos contemporains, dédaignant de se conformer aux exemples de leurs ancêtres les plus illustres, Platon, Aristote en premier lieu, aient renoncé à profiter de tant de lumières qui ont brillé avant eux, pour ne s'éclairer qu'au foyer si souvent faible et vacillant de leur seule raison personnelle ? A les entendre dans les chaires publiques, dans les Conférences, mais surtout à lire avec attention les livres qu'ils publient et les Revues qu'ils enrichissent d'articles aussi nombreux qu'intéressants, c'est le contraire et un excès en sens opposé qu'il faudrait plutôt craindre.

Non contents, en effet, de résumer, avec tout le soin dont ils sont capables, les Systèmes philosophiques des plus fameux d'entre les Anciens et les Modernes, les théories de quelques penseurs français ou étrangers, — ces derniers, pour le moment, plus en faveur, — ils invoquent leur autorité, les choisissent pour patrons et pour modèles, s'honorent de penser comme eux, au moins approximativement, quand il s'agit d'une doctrine plus obscure encore qu'étrangère. Si l'admiration de quelques-uns est plus tempérée, si leurs emprunts sont plus discrets, parfois même tout à fait inconscients, du moins il n'en est pas un seul qui, sciemment ou à son insu, ne relève d'un Maître, et parfois, dans le cours d'une carrière un peu longue, successivement de plusieurs Maîtres. N'avons-nous pas vu, dans la seconde partie du siècle qui vient de finir, un philosophe français, et non pas l'un des moindres, psychologue, métaphysicien, critique d'art et de littérature, débuter par l'enthousiasme de Condillac, s'éprendre bientôt après de Hégel et de ses *ténèbres visibles*[1], s'inspirer un peu plus tard de la doc-

---

[1] Expression de Victor Cousin.

trine et de l'esprit d'Auguste Comte, pour finir avec Marc Aurèle dans un Stoïcisme tempéré, et une résignation silencieuse aux fatalités de l'ordre universel qui s'acheminait à devenir, dans cette âme sincère et droite, un religieux acquiescement aux sages décrets d'une Providence paternelle. A la rigueur nous n'aurions pas eu besoin de ces exemples pour nous prouver à nous-mêmes que nul ici-bas ne relève de sa seule pensée, de sa seule expérience, et pour conclure que de tous les guides, puisqu'il en faut un, celui que nous avons choisi unissant aux mystérieuses mais fécondes révélations de la foi tout ce que la pensée de l'homme a découvert, dans le cours des âges, de plus certain et de meilleur, nous permet de nous avancer plus loin et plus hardiment, sûrs que nous sommes de revenir toujours, sous sa conduite, dans le grand chemin de la vérité.

C'a été, dans tous les siècles, même pour des hommes d'un vrai génie, une entreprise hardie que celle d'aborder le vaste et magnifique sujet de la beauté dans l'Église. On l'a tenté cependant, même d'assez bonne heure, saint Basile, saint Augustin, par exemple, dans les proportions très réduites de quelques lignes ou de quelques cha-

pitres. Mais à mesure que l'édifice s'élevait toujours plus splendide et plus imposant, que les
docteurs succédaient aux martyrs, les théologiens,
les philosophes, les orateurs aux premiers disci-
ples des apôtres, les triomphes aux persécutions,
les épreuves et les déchirements aux triomphes,
les vastes cathédrales aux réduits étroits des ca-
tacombes ou aux temples·abandonnés des dieux
du paganisme, que se multipliaient, dans une
diversité infinie, les œuvres de l'apostolat, de la
science et de la charité, les vertus éclatantes et
les vertus cachées, les gloires du génie et celles
de la sainteté, la tâche de les décrire dépassait
de plus en plus les forces de l'esprit humain,
celles des écrivains les mieux doués, les plus
sûrement informés.

Aussi semblent-ils s'être partagé la tâche qu'aucun d'eux ne se sentait assez fort pour mener à
bonne fin tout entière. Aux premières années du
siècle dernier, sans remonter plus haut, Châteaubriand dans *Le Génie du Christianisme,* après
lui Lamennais dans quelques pages trop peu
connues[1] de son *Esquisse d'une philosophie,* se
sont surtout proposé de nous faire connaître et

---

[1] On les a toutefois publiées à part, mais l'édition en
est, croyons-nous, épuisée.

admirer ce qu'on pourrait appeler les beautés
extérieures et sensibles de l'Église, non toutefois
sans nous dire quelque chose de la pensée qui en
est l'âme, et dont on ne saurait les séparer sans
les faire évanouir. Tandis que l'art religieux, —
peinture, sculpture, musique, architecture, — son
histoire et ses œuvres devenaient l'objet d'un
grand nombre d'Études dont aucune, malgré le
talent et le savoir de leurs auteurs, ne parvenait
à épuiser, pas plus à l'étranger qu'en France, un
trésor qui s'enrichit tous les jours, les Conféren-
ciers de Notre-Dame, les Pères Lacordaire, Ra-
vignan, Félix, Monsabré, Mgr d'Hulst, nous révé-
laient les uns après les autres, mais sans réussir
davantage à ne rien oublier, les beautés d'ordre
supérieur où l'âme et la pensée apparaissent au
premier rang et occupent la plus large place. La
seule exposition claire, précise, tantôt du dogme
de l'Église, tantôt des lois de sa vie et de sa divine constitution, suffisait, sans que ce fût le dessein principal du Conférencier, à en faire res-
sortir les beautés, auxquelles s'ajoutait souvent
la beauté d'une parole qui puisait sa force persuasive dans la connaissance profonde et l'amour
ardent de la vérité.

Venus à leur suite, et pour une fin étroitement délimitée, nous nous bornerons, en nous
appuyant sur l'expérience de dix-neuf siècles

10

écoulés, à constater que tant de beautés anciennes et nouvelles décrites par les plumes les
plus exercées, célébrées par les bouches les plus
éloquentes, découlent dans l'Église d'une source
unique. Elles procèdent, sans nulle exception, de
ce qu'en elle la pensée et l'amour se sont élevés
au plus haut point où l'âme humaine puisse
atteindre, dépassent infiniment tout ce que notre
entendement réduit à ses seules forces aurait pu
concevoir. Sans le mystère de l'Eucharistie, sans
la foi au sacrifice de l'autel, aurait-on vu sortir du
sol, pour s'élever dans les airs, ces cathédrales,
chefs-d'œuvre de l'art chrétien, et peut-être de
tous les arts, les églises en nombre infini qui s'en
rapprochent sans les égaler, et dont la donnée
première, le point central autour duquel tout
converge et s'harmonise est constamment, uniquement, l'autel du sacrifice? Aux offices qui s'y
célèbrent, à la messe dont un roi né protestant,
mais libre-penseur et protecteur des libres-penseurs de son temps, a pu dire qu'elle est le *plus
magnifique hommage rendu par la créature au
Créateur*, nous devons avec les chants liturgi-
ques les plus variés, des plus doux et des plus
touchants aux plus solennels[1], les chefs-d'œuvre

---

[1] Voir, à la fin du volume, l'extrait d'une lettre de Th.
Jouffroy (Correspondance de Th. Jouffroy, publiée par
Ad. Lair, Perrin, éditeur 1901, Paris).

de musique sacrée dont le nombre qui s'accroît avec leur beauté est loin d'égaler encore la grandeur et la sublimité du mystère.

Que de traits nouveaux ajoutés à l'ancien et riche trésor où s'alimentait l'*expression* dans l'art, par ces patriarches, ces prophètes, ces apôtres, ces martyrs, ces solitaires, ces docteurs, ces orateurs, ces saints de toutes les conditions, depuis le mendiant jusqu'au roi, de saint Paul à saint Vincent de Paul, de sainte Cécile et de sainte Monique à sainte Thérèse et à la bergère de Pibrac ! Que ne doit point l'idéal, non seulement l'idéal religieux et chrétien, mais, sous son influence et à son contact, l'idéal proprement dit, à celle que *toutes les générations devaient proclamer bienheureuse*[1] *!* Autant de perfections découvertes dans la mère du Sauveur par les docteurs de l'Église, énumérées et louées dans sa liturgie, autant de sources d'inspiration ouvertes à l'art, à la peinture surtout ; autant de chefs-d'œuvre diversifiés dans un sentiment commun, par le génie des artistes et par celui des Écoles, dans tous les pays de l'Europe, depuis Fra Angelico peignant à genoux ses Vierges incompa-

---

[1] .....Ecce enim ex hoc beatam me dicent omnes generationes. Saint Luc, I, 48.

rables avec toute sa foi et tout son amour, jusqu'à
Flandrin, jusqu'à Ernest Hébert faisant resplendir dans sa Vierge de la Délivrance, dans combien d'autres, cet idéal chrétien dont sa pensée
est comme obsédée, et dont il affirme, à qui veut
l'entendre, que son influence sur l'art n'a point
de limites. Je ne sais rien, pour m'en tenir à ce
seul exemple, des sentiments religieux, rien
même de l'OEuvre entière de M. Jules Breton ;
je n'ai vu de lui que deux tableaux, la *Bénédic-
tion des blés* au Musée du Luxembourg, l'*Érection
d'un Calvaire* au Musée de Lille. J'ose pourtant
affirmer que pour l'un et pour l'autre, mais surtout pour le second, au moment où il en conçut
l'idée et où il la réalisa, l'âme du peintre s'était
faite ou elle était redevenue chrétienne[1]. Mais
n'en est-il pas de même, pour passer de la peinture à la poésie, des inspirations les plus heu-
reuses de Lamartine dans ses *Méditations* et ses
Harmonies, des vers les plus beaux que nous ait
laissés Alfred de Musset[2], où l'amer sentiment

---

[1] A plus forte raison pour l'*Angelus* de Millet, et pour
tant d'autres œuvres de nos contemporains justement
admirées.

[2] A trois reprises différentes, dans Rolla :

Regrettez-vous le temps où d'un siècle barbare
Naquit un siècle d'or, plus fertile et plus beau ;

de la foi perdue ne s'exprime avec une si poignante émotion que grâce à un peu de foi gardée, à l'insu même du poète, au plus secret de son âme.

Et puisque nous parlons des Lettres, gardons-nous d'oublier que si l'Église n'a jamais sacrifié la raison à la foi, la philosophie à la théologie, elle n'a pas davantage sacrifié à la beauté, telle que la révélation l'a faite si pure et si parfaite, celle qui procède du seul ordre naturel. Fidèle à sa loi constante d'ordre et de mesure, elle achève, elle perfectionne, elle subordonne, mais elle ne détruit rien de ce qui est vraiment l'œuvre de Dieu avant la grâce. Dès les premiers siècles de l'Église, en Orient comme en Occident, ses docteurs les plus illustres ont montré par leurs leçons, et plus encore par l'exemple de leur studieuse jeunesse passée au sein des grandes Écoles d'alors, le profit qu'on peut recueillir des meilleurs écrivains profanes pour la connaissance de l'homme, la culture de l'esprit, la défense de la vérité. A leurs successeurs des XVᵉ et XVIᵉ siècles, restaurateurs intelligents des bonnes études, précurseurs et préparateurs des grands siècles

---

Où le vieil univers fendit avec Lazare
De son front rajeuni la pierre du tombeau ?
. . . .
. . . .

littéraires, nul n'a jamais reproché d'avoir ignoré ou méconnu les beautés des Lettres antiques : on a quelquefois, non sans de justes raisons, accusé quelques-uns d'entre eux de les avoir aimées et admirées jusqu'à l'excès.

Quant à cette beauté de l'âme de l'Église, beauté morale dont les merveilles faites de luttes, d'épreuves, de sacrifices, de travaux, de souffrances, de vertus manifestées au grand jour et d'innombrables vertus cachées, ne découvrent aux yeux des hommes et ne laissent admirer que leurs aspects extérieurs, c'est-à-dire une faible partie de ce qu'elles sont, vous comprendrez que dans le sentiment profond de mon insuffisance je m'abstienne de vous en parler. Je me bornerai à vous demander s'il y a, dans l'histoire moderne et contemporaine, beauté morale supérieure à celle qui n'a cessé, depuis Pie VI et Pie VII jusqu'à Léon XIII, à travers toutes les persécutions et toutes les épreuves, de briller du plus vif et du plus pur éclat dans le chef suprême de l'Église.

MESSIEURS,

Nous avons, dans une première Conférence, distingué des éléments acquis par l'expérience et l'étude les éléments primitifs qui s'éveillent successivement à leur contact, et concourent avec eux dans l'âme de l'homme à la formation de la pensée. Celle-ci se fortifie, et elle s'élève d'autant plus que les éléments primitifs, ordre, unité, grandeur, liberté, vérité, beauté, agissent dans un concert plus parfait sur des éléments acquis plus nombreux et de meilleure qualité. Les sentiments que la Providence a joints à chacun d'eux en accroissent la force, au point d'en faire l'instrument le plus puissant dont nous disposions dans la poursuite et la conquête du bonheur. Si incomplet que soit celui-ci dans la vie présente où la distance est si courte, comparée surtout à l'infini de nos aspirations, de la naissance à la mort, nous pourrions à la rigueur y atteindre, si nous n'en étions trop souvent empêchés par les déviations et les défaillances du vouloir et du sentiment, déviations et défaillances qu'il est impossible de ne point constater, alors même qu'on en ignorerait ou qu'on en méconnaîtrait la cause.

Ce qui est vrai des individus ne l'est pas moins des sociétés. Mues par les mêmes ressorts, — pourrait-il en être autrement, puisqu'elles sont des sociétés humaines, — elles sont exposées aux mêmes erreurs et aux mêmes chutes ; elles rencontrent, dans leur marche vers le bien-être et le bonheur, les mêmes obstacles et elles n'en triomphent pas plus aisément. Si nous avons, à ce dernier point de vue, insisté sur trois des élé-

ments primitifs, unité, grandeur, liberté, c'est
que, les deux premiers surtout, développés à
contre-sens, eux et les sentiments qui y corres-
pondent, détournés à des degrés divers de leur
fin véritable, ont déjà produit et sont sur le
point de produire encore, dans un certain nombre de nations, des maux incalculables. Par mal
heur, l'histoire est réduite au rôle de raconter et
de juger ce que ses leçons ignorées des masses,
oubliées ou méconnues par ceux qui. les diri-
geaient, pourraient souvent empêcher.

Une société ne pouvait manquer d'attirer notre
attention par ses origines qui se confondent avec
celles de la tradition et de l'histoire, par la place
qu'elle tient dans le monde, et par ce caractère
si remarquable que société avant tout spirituelle,
elle agit directement sur les âmes, et par les
âmes indirectement sur les sociétés à la vie desquelles sa vie est sans cesse mêlée. Ceux qui la
composent et ceux qui la gouvernent étant des
hommes marqués de tous les signes de l'humanité, on ne doit pas s'étonner que les éléments
primitifs soient en elle, aussi bien que dans les sociétés humaines, les ressorts tout puissants, qu'ils
y produisent les mêmes effets, qu'ils y soient exposés aux mêmes déviations. Toutefois, si les
ressemblances sont nombreuses, les différences
aussi sont profondes : nous en avons noté quel-

ques-unes. En effet, les six éléments primitifs de la pensée se pénètrent dans le sein de l'Église plus intimement que dans les autres sociétés, ils s'y développent plus harmonieusement, au grand profit des âmes d'abord, de leur dignité, de leur paix, de leur perfectionnement et, par suite, de leur vrai bonheur. Les défaillances plus courtes, le plus souvent bornées à l'extérieur, sans atteindre jamais les principes de la vie, sont suivies de renaissances dont chacune manifeste un progrès, ouvre une ère nouvelle de créations, de bienfaits, de grandeur. Il en résulte, l'histoire le prouve, que les sociétés humaines et les hommes politiques chargés de les conduire ont tout à gagner à vivre en bon accord avec elle, tout à perdre à s'en séparer[1].

---

[1] « L'homme politique le plus médiocre peut toujours déclarer la guerre à l'Église ; il ne faut, pour cela, ni talent, ni lumières, ni vertu : il suffit d'ignorer l'histoire, et de céder à n'importe quelle vulgaire et étroite passion, la sienne ou celle d'autrui. Seul le vrai politique, Constantin, Théodose, Charlemagne, saint Louis, Charles-Quint, Henri IV, je ne cite que les plus grands noms, saura vivre en paix avec elle, rien n'est plus facile, et faire tourner au profit de l'État, de sa prospérité, de sa grandeur, la force morale dont elle dispose, la plus grande qui soit au monde. » *Pensées et Portraits,* chapitre *De l'Histoire,* page 329.

L'Église est si bien, pour les adversaires irréconciliables du christianisme et de toute idée religieuse, le solide rempart derrière lequel s'abritent toutes les sociétés chrétiennes, que dès longtemps, mais depuis un siècle surtout, ils 'ne cessent de diriger contre elle les attaques les plus violentes, tenant pour assuré, comme ils le proclament eux-mêmes, que s'ils parvenaient à la détruire, ils auraient, sans la moindre peine, raison du reste. Leurs coups portent plus loin qu'ils ne pensent. En effet, en s'attaquant, pour l'anéantir, à ce que les éléments primitifs de la pensée et de l'amour obéissant à une puissance supérieure qu'ils peuvent bien nier, mais dont ils ne peuvent nier les effets, ont produit ici-bas de plus grand, de plus parfait en soi et de plus utile à l'humanité, ils s'attaquent aux bases même des sociétés.

A cette heure décisive de l'histoire où les conflits d'intérêts deviennent tous les jours plus nombreux, plus aigus entre les individus, les classes, les nations; où la liberté des petits États est menacée par la grandeur démesurément croissante de trois ou quatre Empires ; où les forces morales auraient besoin d'être doublées pour faire équilibre aux forces matérielles et passionnelles déchaînées, ils ne tendent à rien moins qu'à supprimer, donnons-lui le nom le moins capable d'éveiller la haine et la jalousie, le grand modérateur, l'apôtre de la justice et de la paix. Ils s'efforcent d'étouffer la voix qui, entendue du monde entier, domine encore tant de voix discordantes et de débats incohérents, la seule, — du moins avec cette autorité, — qui, dans la redoutable question du travail et du salaire ait dit clairement quels sont les droits, et quels sont les devoirs de chacun, tracé des règles d'une équité parfaite, prêché, au nom du Christ, la conciliation et la paix, là où des hommes de bon vouloir s'épuisaient en controverses trop souvent stériles, où des hommes de parti ne savaient qu'aigrir les cœurs, aggraver les conflits, répandre à profusion les semences des guerres civiles.

APPENDICE A LA PAGE 146

La correspondance de Théodore Jouffroy vient d'être publiée à la Librairie académique de Perrin, par Adolphe Lair. Nous extrayons le passage suivant d'une lettre à M. Paul Dubois, datée du 30 mai 1822.

Jouffroy s'était rendu, avec sa mère, dans le canton de Neufchâtel, et c'est une excursion sur le lac du même nom, en compagnie de quelques amis et de quelques parentes, qu'il raconte à son ancien camarade de l'École Normale :

. . . .

« C'est autre chose que le bassin du Léman, moins de grandiose, mais une grandeur plus harmonieuse et peut-être plus ravissante ; que n'étiez-vous là ! Que n'y étiez-vous surtout, lorsqu'au coucher du soleil nous nous mîmes dans une barque pour aller visiter Granson si gracieusement groupé au revers du Jura et pour ainsi dire suspendu sur le lac. La journée avait été brûlante, un orage se formait du côté de Fribourg, un autre vers le fond au-dessus de Neufchâtel. La nuit était venue et tandis que la lune reposait sur nos têtes et blanchissait d'une pâle lumière les vagues du lac, les éclairs sillonnaient les nuages obscurs devant nous et à notre droite. Deux tonnerres également lointains grondaient alternativement et semblaient psalmodier un hymne à la gloire du Créateur. Les rives sur

lesquelles éclataient les deux orages étaient per-
dues dans une sombre nuit. Les deux autres
rives éclairées par la lune laissaient voir Yverdun
et ses beaux peupliers, Granson et son pâle châ-
teau qui ressemble à un fantôme, et une foule de
villages épars sur la route de Neufchâtel. L'hori-
zon par-dessus était encore rouge des feux mou-
rants du crépuscule et les sommets arrondis du
Jura le dessinaient admirablement; nous avions
trois rameurs qui faisaient voler la barque sur la
face du lac; nous avançûmes d'abord en babillant.

. . . .

Le silence continuait et n'était interrompu que par
quelques mots et le bruit des rames. Je ne sais
pourquoi je me rappelai alors avoir lu qu'à bord
des vaisseaux portugais, qui doublèrent pour la
première fois le cap de Bonne-Espérance, on
célébra la messe au milieu de la nuit, en vue de
la mer des Indes inconnue jusque-là. Par une
alliance d'idées subite et inspirée par tout ce qui
m'environnait, le chant du *Sanctus! Sanctus!* se
trouva dans mon cœur et sur mes lèvres; je l'en-
tonnai à demi-voix; mon voisin m'accompagna
sur le même ton, peu à peu les sons s'élevèrent,
tout le monde s'en mêla et les rives protestantes
du lac d'Yverdun retentirent du sublime *Hosan-
nah in excelsis* lentement et solennellement exé-
cuté par dix voix réunies. L'étonnement silencieux

de nos rameurs, pour qui et ces chants et cette
langue étaient inconnus, nous excita. Le *Gloria
in excelsis*, le *Lauda Sion*, le *Laudate dominum
omnes gentes* succédèrent. La gravité de ces
chants catholiques au milieu de cette grande
scène, l'idée qu'on les entendait du rivage et que
la religion protestante n'avait rien qui pût ainsi
s'allier poétiquement à tout ce qu'il y a de poé-
tique dans la nature et les sentiments de l'âme,
ce mélange harmonieux de voix d'hommes et de
femmes, cette langue latine si sonore, si pom-
peuse, inconnue à la population d'alentour, tout
m'émut au plus haut point. »..................
....

DU MÊME AUTEUR :

I

Chez A. PEDONE, libraire-éditeur
Paris, rue Soufflot, 13.

De l'Esprit et de l'Esprit philosophique, un volume
in-12, 3ᵉ édition............................. 3 fr. 50

De la Pensée, un vol. in-12, 3ᵉ édition...... épuisé.

Pensées et Portraits, Notes et Réflexions,
un vol. in-12, 520 pages, 5ᵉ édition 1898.... épuisé.

L'Histoire et la Pensée, 2ᵉ édition des *Pen-*
sées sur l'Histoire, un vol. in-12..........⎫
Le Caractère national et le Génie de la France ⎬ 3 50
(Conférence 1900)........................⎭

Le Beau, l'Art et la Pensée. — Lettres et
Journal de la Montagne, un vol. in-12,
1899 .... 3 50

L'Ombre de Socrate, petits dialogues de philosophie socratique, un vol. in-12, 2ᵉ édition. épuisé.

Les Principes de la philosophie morale
(petit Manuel de Morale), un vol. in-12,
100 pages .... 1 »

II

Chez F. DIDOT, libraire-éditeur
Paris, rue Jacob, 56.

La Cité chrétienne, 3ᵉ édition, 2 vol........ épuisé.

Grenoble, imp. ALLIER FRÈRES, cours St-André, 26

www.ingramcontent.com/pod-product-compliance
Lightning Source LLC
Chambersburg PA
CBHW052100090426
42739CB00010B/2263